不思議な薬草箱　魔女·グリム·伝説·聖書

魔法藥草百寶箱

女巫・格林童話・傳說・聖經

西村佑子◎著　趙誼◎譯

目次

第2章

德國傳說 女巫與不可思議的植物

第3章 聖經 舊時代的植物 141

[附錄] 尋訪德國藥草園與迫害女巫遺址 181

前言

歡迎光臨不可思議的魔法藥草箱。希望大家把本書當作二〇〇六年《女巫不傳的魔法藥草書》的姊妹作。在《女巫不傳的魔法藥草書》中，主角是以女巫軟骨做成的藥草，以及驅魔草、魔法草等等和女巫相關的藥草，而本書的主角就是與藥草有關的故事。

身邊看似平凡無奇的植物，在童話與傳說中，擁有不可思議的力量。與其說是不可思議的植物，倒不如說那是植物本身的不可思議。我想，讓大家暫時沉浸於植物那不可思議的氛圍也不錯，於是便從《格林童話》、傳說、《聖經》中選出了這些不可思議的故事。書中出現的一些植物，也許會讓讀者驚嘆「真是不可思議的藥草！」或者出現的女巫讓人讚嘆「這就是女巫啊！」總之，希望大家可以在閱讀故事的過程中，欣賞針對藥草與女巫的描寫。

植物和女巫也隨著時代有所改變。舉例來說，德文中的 Eiche，一般稱為櫟樹（歐洲橡樹），是很久很久以前日耳曼神話裡的雷神——多納爾所棲息的樹木，即異教之樹，現今在德國鑄造的歐元硬幣上就有歐洲橡樹的樹枝，其已成為代表德國的樹木。

自古以來藥草就是民間治療藥品，後來修道院也開始栽種，並將藥草作為基督教擴大勢力政策之一，成為聖母瑪利亞為信徒淨身的「瑪利亞的藥草」。然而，現在這些藥草在藥物學研究基礎下，應用於許多領域，不但化身為解救化學藥品危害的幫手，亦用來療癒精神上的疲勞。

以前的人都知道，藥草當中毒性愈強愈有效。其毒性讓人認為那種草具有魔性的力量，因而對於這些藥草感到恐懼。這就是「女巫藥草」的起源。不過，在現代已經沒有人會真的懼怕女巫藥草。畢竟現代人知道藥草的使用方式，也很享受有藥草的生活。

另一方面，儘管女巫在過去為遭到迫害的受害者，或者被視為使用黑魔法的恐怖存在，然而在小說、繪本、動畫等世界裡，則以與自然共存且具有魅力的知性女性之姿，一直到現在仍然受讀者愛戴、崇拜。這則是「新女巫」的誕生。

不過，就讓我們先稍微回到那個藥草與女巫有如此改變之前的世界吧。這就是不可思議的魔法藥草箱的世界。

至今，我曾造訪迫害女巫時代釀成許多犧牲的德國小鎮，參觀了許多監禁女巫的「女巫之塔」，以及用以鎮魂的紀念碑。

除此之外，我也探訪了德國大學與修道院附屬植物園、博物館與宮殿，還有位於公園一隅等各種大大小小的植物園、藥草園，以及藥事博物館、藥局等等。最後本書將介紹其中幾個景點。

那麼，就讓我們來打開不可思議藥草箱的蓋子吧。

第 1 章

格林童話

女巫與藥草

現在，我們所讀的《格林童話》（第七版）總共有兩百一十個故事。當中三分之二以上都有出現「森林」這個單字。由此可看出，《格林童話》的世界與森林息息相關。但是，其森林的意象，和美麗的森林、休憩的森林、療癒的森林等等相差甚遠。森林深處生長著蓊鬱茂密的樹木，昏暗、詭譎，無法得知有什麼潛伏其中。

《格林童話》的登場人物都會進到如此森林當中。有些是穿越森林的旅人，有些是要打獵的國王，也有尋找草木果實的村民等各種角色。有時也會遇上妖怪、野狼、強盜。

小紅帽就是在前往探訪住在這般森林裡的奶奶途中遇到大野狼，雖然後來得救，仍然被吃下肚。儘管如此，森林可不是只有恐怖的一面，小紅帽繞遠路的小徑可是個花田呢。

森林裡有可作為建材或當柴燒的木材，也富含三餐的必需食材。在前往森林的途中有田地、牧草田，小徑上也有許多藥草生長。村民會在庭院開闢菜園。

《格林童話》中出現的植物有大麥、小麥、黍、豌豆、小扁豆、葡萄、蘋果、草莓、櫻桃、核桃、亞麻、蕪菁、高麗菜、馬鈴薯等等，許多作物都與人類日常生活息息相關。人類就生活在儘管可怕處處，卻也會帶來恩惠的自然之中。

同時，《格林童話》中也會出現女巫。想當然耳，出現的次數不及植物。總共有二十個故事有女巫登場。其中，有些故事會讓人不禁懷疑，「那個故事中有女巫出現嗎？」例如，〈不來梅音樂家〉。此外，也有故事會讓人感到訝異，「奇怪，那個角色竟然不是女巫？」譬如〈灰姑娘〉。

這麼一想，就會對於女巫產生各種疑問：女巫們究竟做了什麼事，又是如何死去呢？女巫與藥草究竟有什麼樣的關聯性？

童話可以任人解讀。每個讀者都有其各自的解釋。因為人類的想像力在童話的世界中，不受任何制約，且非常自由。

1〈白雪公主〉

——白雪公主的繼母是女巫嗎？

「魔鏡啊，牆上的魔鏡啊，這個國家最美的人是誰？」

「皇后陛下，在這裡是您最美。不過，山的那一頭和七個小矮人同住的白雪公主，比您美上數千倍。」

「什麼！」聽到不會說謊的不可思議魔鏡這番話，令皇后臉色變得蒼白。「我雇用的獵人難道沒有在森林裡殺掉白雪公主嗎？他不是帶回了她的肺臟和肝臟當作證據嗎？所以我才會把那

「白雪公主比您美上千倍」，聽到魔鏡的回答，皇后臉色鐵青。（十九世紀，Theodor Hosemann 繪）

些吃下肚。既然白雪公主已死，我才應該是最美麗的女人，不是嗎？」

原來獵人不忍殺掉白雪公主，便宰殺路過的野豬，帶回牠的肺臟和肝臟交差。皇后發現自己遭到獵人欺騙後，打算親自殺掉住在小矮人家中的白雪公主，於是便喬裝成賣日用品的小販，來到小矮人的家。由於白雪公主想要美麗的胸帶，女王假藉要教她如何使用，趁機用力一勒白雪公主的胸口。白雪公主無法呼吸就此倒地。回到家中的小矮人發現後將胸帶切斷，白雪公主就恢復呼吸。

尋求幫助的白雪公主。（Theodor Hosemann 繪）

皇后再次聽到那不說謊魔鏡的答案，得知白雪公主仍舊活著的事實。這次她使用學來的女巫之術，製作毒梳子，變裝成另一個販賣日用品小販，來到了白雪公主住處。

她騙白雪公主，「讓我用這個梳子幫妳把頭髮整理一下。」

對白（右）：看起來很好吃！　對白（中）：來吧！吃紅色這一半。（左）白色部分我來吃。
白雪公主不敵蘋果的誘惑。（樋口雅一《格林童話・漫畫版》大和文庫）

當梳子一碰到頭髮，白雪公主就有如死去般倒下。然而，這次小矮人又發現了梳子，白雪公主再度復活。

女王又透過誠實的魔鏡，得知白雪公主仍然活著的消息，她決定「無論如何都要殺了白雪公主」，而這次是製作毒蘋果。蘋果一半呈現鮮紅色，帶有毒性；而另一半白色的部分則無毒。女王扮成農婦來到了小矮人的家。由於小矮人對白雪公主忠告，「不可以讓陌生人進到家裡」，於是便隔著窗戶聽農婦說話。即便如此，那蘋果愈看愈美味。

農婦說：「如果妳擔心的話，我可以吃掉一半，」便吃下白色部分。而白雪公主忍不住伸出手接下，吃下鮮紅色那一半，就這麼倒下。

這次，小矮人找不到白雪公主倒下的原因。他們悲傷地把白雪公主放入玻璃棺中，安置在山上。過了很久，有一天某國的王子剛好路過，他便說服小矮人把白雪公主讓給自己。

當僕人抬著棺材下山時，其中一人沒走好，便一個踉蹌差點跌倒。棺木因此劇烈搖晃，那片堵在白雪公主喉嚨裡的蘋果掉出口中，白雪公主就這麼復活。

白雪公主和王子將在城堡舉行婚禮。皇后也收到了婚禮的邀請函，在她出門前，又問了魔鏡，魔鏡如此回答道，「皇后陛下，在這裡您最美麗，但是新王妃比您美麗上千倍。」雖然皇后感到十分不安，但由於她實在太想看到「新王妃」，

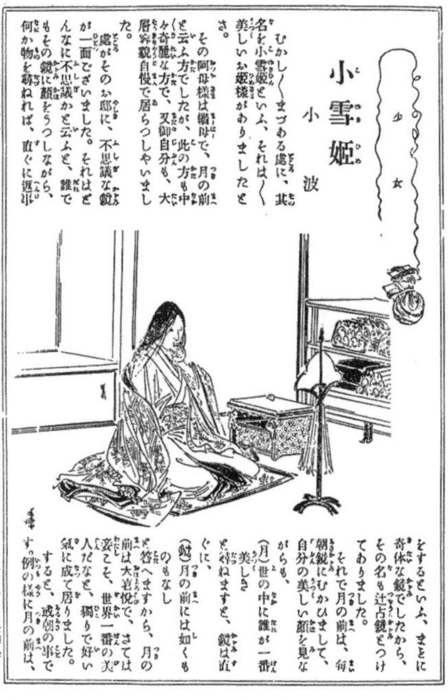
第八號 (二五) 少女 第四卷 (七四九)

小雪姫

小波

むかし〳〵まづある處に、其名を小雪姫といふ、それは〳〵美しいお姫樣がありましたとさ。

その阿母樣は繼母で、月の前と云ふ方でしたが、此の方も中々奇麗な方で、又御自分も、大層容貌自慢で居らつしやいました。

處がそのお邸に、不思議な鏡が一面ございました。それはどんなに不思議かと云ふと、誰でもその鏡に顏をうつしながら、何か物を尋ねれば、直ぐに返事をするといふ、まことに奇体な鏡でしたから、その名も辻占鏡とつけてありました。

それで月の前は、每朝鏡にむかひまして、自分の美しい顏を見ながらも、

(月)世の中に誰が一番美しき

と尋ねますと、鏡は直ぐに、

(鏡)月の前には如くものもなし

と答へますから、月の前は大喜悅で、さては妾こそ、世界一番の美人だなと、獨りで好い氣に成て居りました。

すると、或朝の事です。例の樣に月の前は、

〈小雪姫〉（明治29年《少年世界》巖谷小波譯）。皇后的名字叫做「月前」。她深信小雪姫遭到殺害，認為是魔鏡發瘋了，便暴怒將鏡子拿到庭院裡以石頭敲碎。其後，月前獨自說著「我最美」繼續生活，故事到此結束。所以這故事完全沒有出現蘋果。

便出門前去參加婚禮。想不到，站在那裡的毫無疑問就是那個白雪公主。新王妃拿了燒得透紅的鐵鞋，來到呆站著的皇后跟前，硬是要她穿上。皇后燙得四處跳躍，最終就此喪命。

這個故事就是家喻戶曉的〈白雪公主〉，通常在繪本或動畫中，只演到王子和白雪公主結婚就結束了。儘管我知道篇幅會加長，仍然告訴各位在《格林童話》裡的白雪公主，是以這般結局收場。其中皇后使用學到的女巫法術，製作了毒梳子和毒蘋果。我想大家對於「女

上圖：女巫之術之一：把柱子變成乳牛，以斧頭穿刺，藉此偷竊牛奶。而惡魔拿著壺正等著。（居格林根，羅馬博物館）
下圖：改變天候的女巫。《兩個女巫》Hans Baldung Grien 繪，一五二三年。（法蘭克福，施泰德藝術館）

巫法術」這個詞並不熟悉，不過其意義上與一般的魔法或法術有些出入。魔法有分好魔法與壞魔法。舉例來說，假設您幸運獲得了「讓優秀造型師做造型」的機會；過幾個小時後，當你看到鏡子裡的自己，不禁覺得「這真的是我嗎？好像被施予了魔法一樣。」這是好魔法。

不過，當諸事不順時，就好像遭到詛咒一般。這就是惡魔法。咒語是用在祈求好結果，而詛咒則是用來祈求讓對方得到壞結果。然而，無論是魔法、法術，還是詛咒，在英文裡都是 magic。

這個「女巫之術」是在獵殺女巫時代，告發女巫時使用的詞彙。女巫之術是指讓「牛奶腐壞」、「讓人或者家畜患病」、「左右天候」等邪惡法術，專指女巫所使用的邪惡之術。也就是說，〈白雪公主〉裡皇后所學的是「女巫之術」。那麼，皇后究竟是不是女巫呢？皇后確實是對於殺害白雪公主相當執著，是個籌備了三次殺人計畫的壞人。不過，白雪公主只要

德國童話街道的小鎮吉賽爾威達（Gieselwerder，從卡塞爾往北三十一公里），為觀光客導覽白雪公主村的「白雪公主」。

稍微聰明一點，皇后的殺害計畫就不會成立。

就算是毒蘋果，也不見得需要特別用上女巫之術。稍微有點藥草的知識就可以製造出毒物。把一半的蘋果染紅，注入毒物後，就可以簡單做出毒蘋果。而且，白雪公主之所以如死去般倒下，並不是因為中毒，而是因為蘋果卡在喉嚨裡，真是個令人費解的故事。

《格林童話‧白雪公主》中，並沒有說皇后是女巫。即便如此，皇后下場十分悲慘。在獵殺女巫時代，光是傳出某人使用過可怕女巫法術的小道消息，她就在完全沒有任何辯解的機會下遭到燒死，這些女巫的命運與皇后的下場不謀而合。假設以現代的法律審判皇后的殺人未遂事件，又如何呢？

這個話題先暫且擱置，讓我們來談談蘋果。蘋果或者蘋果樹在《格林童話》中，屬於出場最多次的植物之一。蘋果不僅在《格林童話》，於文學、歷史、科學等各領域中，皆擔任重要角色。

說到蘋果，腦中應該立刻可以浮現幾個印象：原本應該是別種果實，但給亞當夏娃的還是蘋果（舊約聖經）、從三位女神中選出最美女神給予蘋果的帕里斯審判（希臘神話）、由女神伊登所掌管的回春蘋果（北歐神話）、德國王權象徵十字聖球「帝國的蘋果」、瑞士獨立運動英雄威廉・泰爾（Wilhelm Tell）的蘋果、牛頓發現萬有引力的蘋果軼事、蘋果公司註冊商標等等。這些蘋果都是指蘋果果實。而《格林童話》當中，以〈白雪公主〉為首，共有十四個故事出現的，也都是蘋果果實。

以前我在德國鄉村搭計程車時，道路兩旁種滿蘋果樹，淡粉色花朵盛開。當時聽計程車司機說，「以前在德國，很多年輕人為了成為師傅（Meister），便踏上拜師學藝的旅程。而為了讓他們在旅途中飢餓時能夠果腹，所以就在街道上種植蘋果樹。」真是一樁美談。

然而，蘋果花似乎不太受到注意，存在感很低。明明那麼美麗。而我好不容易想起〈喀秋莎〉這首歌。

> 蘋果花綻放，河面茫霧繚繞，你不在的地方，春天也悄悄來到
> ……（關鑑子譯）。

這是一首在河岸邊思念愛人時所唱的歌。蘋果花綻放，象徵春天

「帝國的蘋果」

來臨。歌曲好聽，歌詞也有意境。我原以為這是古老不知名的俄國民謠，結果作曲家和作詞家都有名有姓，在一九三八年所製作的俄羅斯歌曲。我後來才得知這歌詞中的戀人，是受到徵召擔任國境警備的年輕士兵，並且當一九四一年德蘇戰爭開打後，戰場上許多士兵都愛唱這一首歌，令我非常驚訝。

聽我那住在德國的日本朋友說，她的德國老公似乎將日本盛開的櫻花稱為「給人看的櫻花」，因為不會結櫻桃，或許是個玩笑話，但德國人事事講求實際，無論對象是蘋果還是櫻花，非常耐人尋味。

白雪公主會落入皇后陷阱，也是因為看到鮮紅美味的蘋果果實，嗯，我並沒有要比較誰優誰劣，只是果實若換作梨子或栗子，又有何種結果？

◆西洋蘋果（薔薇科 **Malus pumila**）

蘋果果實富含維生素C與礦物質，營養價值高。多酚具有抑制體內脂肪蓄積的功效。以前蘋果減肥法曾盛行一時，也是因此緣故。

蘋果花

原產地為中亞。在土耳其發現有西元前六百年時已碳化的蘋果。現在日本能吃到的蘋果是西洋蘋果，這是明治時代才開始種植的品種。

蘋果具有去痰、利尿、整腸，調整消化道、呼吸器官的效果。甚至還可以消解煩躁、增進食慾、解除宿醉、鎮定、增加力氣。因此蘋果在食用上，如此受歡迎相當合理。根據某項統計（二〇〇九年），日本蘋果產量為世界排名第十四名，德國第十二名，中國第一名。

蘋果汁是最為普遍的飲料，不過有一種稱為Apfelwein的蘋果酒是法蘭克福的名產。它由於帶點酸味有些人並不喜歡，不過我自己算是喜歡的。

卡爾瓦多斯酒（Calvados）這種白蘭地也是以蘋果為原料製成的蒸餾酒。順帶一提，這是在法國諾曼第地區所釀的酒才能使用這個名字，其他地區的酒只能稱為蘋果白蘭地。這道理和香檳一樣，只有出產自香檳地區的氣泡葡萄酒才能稱為香檳。

蘋果在歷史、傳說、風聞、童話、餐桌等各層面不但未曾缺席，還多次登場，或許是水果之王也說不定。

法蘭克福的蘋果酒

2〈杜松的故事〉——甦醒之樹

這是個父親將至愛兒子吃下肚的故事，一開始以為會詭譎又恐怖，想不到結局竟然帶給人一種溫馨的感覺，十分不可思議。就如同標題，杜松從開始到結束都擔任重要角色。

以前有一對夫婦一直生不出孩子。在一個冬天的日子裡，妻子在杜松樹下削蘋果時不慎切到手指。看到血液滴落雪中，不禁感嘆，「要是有個像血一樣紅潤，又如同雪一般白皙的孩子就好了。」

〈白雪公主〉的母親也是許願想要一個「如雪一樣

男孩的母親。（十九世紀，Ludwig Richter 繪）

白皙，像血液一般紅潤」的孩子，於是就如她所願生下女孩白雪。在〈杜松〉這個故事裡，生下的是男孩；無論是哪個故事，我總是感到疑惑：「像血液一般紅潤」到底是哪裡紅潤呢？有臉頰和嘴唇等解釋，然而臉頰真的那麼紅潤，根本如同喜劇一般，而嘴唇那麼紅潤的話，又很奇怪……

閒聊到此為止。

當杜松散發出香氣，妻子聞到香味就開心，然而吃下杜松的果實後，便鬱鬱寡歡開始生病。妻子死前對丈夫說，「我死後，把我埋在杜松樹底下」，她在產下「像血一樣紅潤，又如同雪一般白皙」的男孩後，便離開人世。

在這幅畫中，骨頭並非放在樹下，而是埋至根部。（Ludwig Richter 繪）

丈夫將妻子埋在杜松樹下，沉浸在悲傷中一陣子後再婚。與這一任妻子，生下一個女兒瑪蓮娜。瑪瑪蓮娜與男孩感情非常好，而繼母卻討厭這標緻的男孩。於是她便趁丈夫不在時，殺了他甚至殘酷地放入湯鍋裡燉煮。目擊一切的瑪蓮娜一直哭，哭個不停。父親回家後，三人一起坐在餐桌前。就在父親喝下一口湯後，大讚美味，完全不讓任何人吃，獨自一人喝完全部的湯，並把湯裡的骨頭都丟到餐桌下。瑪蓮娜邊哭邊撿拾那些骨頭，並用絲綢包裹放到杜松樹下的草皮上。

於是，杜松的樹葉就開始發出稀稀簌簌的聲音，伸展枝葉，突然一隻不知從何處飛來的美麗鳥兒出現了。而包有骨頭的絲綢就此消失。鳥兒開始停在城鎮各家的屋頂上唱歌。

媽媽殺我。爸爸吃我。瑪蓮娜找到我的骨頭，以絲綢包裹，放在杜松樹下。啾咿特、啾咿特，我真是美麗的鳥兒啊。

最後鳥兒飛到男孩家，停在庭院的杜松樹上開始唱歌。父親和瑪蓮娜聽到歌聲，立刻一掃陰霾停止哭泣，來到外面看鳥兒。繼母心想，

遭到掉落的石臼擊中頭部身亡的繼母。
（Ludwig Richter 繪）

飛往城鎮站在屋頂上唱歌的鳥兒。
（Otto Ubbelohde 繪）

「怎麼會這麼不舒服。或許來到外頭會好一點」，就從玄關走出來，正好鳥兒搬來的巨大石臼由上方落下，砸死繼母。結果，一陣霧火交集煙消雲散後，男孩就站在那裡。

這就是〈杜松的故事〉大綱。英國傳統童謠〈鵝媽媽〉裡，也有類似〈杜松的故事〉中鳥兒所唱的歌。不過在〈鵝媽媽〉中只提到被殺的是「我（me）」，因此不知道是男是女；而這孩子的手足撿拾了骨頭，埋在「冰冷的大理石下」。歌曲就此結束，無法得知這個孩子有沒有復活。

杜松是復活之樹，這和此樹的名稱有關。杜松的德文為Wacholder，每個地方都有不同的叫法。《格林童話》是以低地德語（北德方言）書寫，因此稱為「Machandelboom」。也有其他幾個不同的名稱，不過都具有「讓人有活力」的意義。

他們相信亡者的靈魂會暫時停留在杜松樹上，最後就會復活。因此不能埋在大理石下。

杜松具有驅魔功效。在聖誕節時，為了不讓女巫、妖怪進入家中，會把杜松樹枝裝飾在家門口。此外，為了不讓女巫在牛奶中施展女巫之術造成牛奶腐敗，會使用杜松做成的木棒攪拌牛奶。

除了杜松以外，在童話、傳說中也有其他可以讓亡者起死回生的植物。譬如說《格林童話・三片蛇葉》的故事。故事非常有趣，不過恐會增加篇幅，因此我把重點放在葉子的部分：蛇的身體被切成三段，其他的蛇見狀就咬著三片葉子前來，把那隻蛇斷掉的身軀接起來，放上三片葉子。於是蛇就這麼復活了。這種草也能讓人類復活。然而可惜的是故事中這個葉子的敘述只有「綠葉」。

古代美索不達米亞《基加美修史詩》（西元前七世紀阿卡德語標準版）中有回春草的蹤影。主角基加美修國王面對摯友死亡，開始對於死感到恐懼。因此，為了向烏特納比西丁（具有不死之身，與神相同的存在）請教生與死的祕密，便踏上了旅程。而基加美修就這麼從祂那獲得了回春草。那是一種根部帶有刺的草，其名稱為「讓年邁者回春」。

就在基加美修帶著那種草回故鄉途中，他以泉水清潔身體時，一隻聞草香而來的蛇，將那種草奪走。基加美修痛哭。於是他就空虛地

抓到獅子的基加美修。（巴黎羅浮宮）

回到故鄉，終身善盡國王的職務。

人老了就會死，這就是人類。明知沒有復活或回春的特效藥，卻仍會去想有其可能性的大概就只有人類吧。

◆刺柏（柏科 Juniperus Communis）

刺柏，另一譯名叫杜松，為自然生長在北半球寒冷地區的常綠樹。在日本杜松果實以杜松子（Juniper berry）這樣的名稱販賣。不僅能用來增添琴酒香氣，在製作德國著名的酸菜時也會使用。具有如萘（可製樟腦丸）一般的強烈氣味。根據以上資訊類推，杜松也能用來消毒與殺菌，在十四世紀歐洲鼠疫大流行之際，曾大量使用。此外，由於香氣

呂訥堡石楠草原

強烈，故有人將杜松稱為驅魔之木。

北德有個叫做「呂訥堡石楠草原」的廣大石楠荒原。這裡是自然保護區域，所以只能搭乘觀光馬車或徒步行走兩種遊覽方式。夏天時歐石楠小花盛開時，有如鋪上了紅紫色地毯。

其中四周呈紡錘狀的杜松，看起來非常美麗。歐石楠與杜松皆為生長於乾燥貧瘠土地的植物。

刺柏（出自一八八七年德國植物寶典《科勒藥用植物》）

3〈薔薇公主〉

——「聰明女性」就是女巫嗎？

王妃生下了一個極可愛的女孩。國王非常開心，舉行盛大的慶祝宴會。國王並決定邀請十三位具有神力的女性，希望她們能夠疼愛自己的女兒。然而，盛裝賓客料理的金色盤子只有十二個，所以有一位沒受到邀請。

在慶祝的宴席中，她們送了禮物給公主。一個人送了品德，下一個人贈予美貌，接著是財富。就這麼到了第十一位女性獻上贈與的話語時，沒受到邀請的第十三位女性出現，喊道：「公主十五歲的時候，就會遭到紡車的紡錘刺死。」然後便離開現場。而還沒致贈話語的第十二位女性則說，「公

薔薇公主誕生時，前來詛咒的第十三位具有神力的女性。繪畫中的樣貌十分恐怖。（十七～十八世紀流行的一幅畫中局部）

王子出現了。在《格林童話》中，公主並不是因王子的親吻而醒，而是當天恰好正逢第一百年。（Ludwig Richter 繪）

沒看過紡紗的公主問道：「婆婆，你在做什麼？」接著便如同預言一般，遭到紡錘一刺，就這麼陷入百年沉睡。（Walter Crane 繪）

主並不會死亡，而是沉睡一百年。」

這不是迪士尼動畫的〈睡美人〉。而是《格林童話》的〈薔薇公主〉。迪士尼是以法國的《佩羅童話集》（一六九七年）為背景改編而成，受到邀請的是三位妖精，而未接到邀請的則是名叫梅爾菲森特的女巫。

在〈薔薇公主〉中，無論有無受到邀請，皆稱為「具有神力的女性」。翻成「具有神力的女性」，其德文原文為 Weise Frau，直譯的話就是「聰明女性」。

「聰明女性」的知識，是倚靠許多前輩累積而來的經驗才能獲得。她們特別熟悉藥草，有協助治療婦女病和幫助生產等貢獻，在民間相當受到重視的一群女性。

在產房中備受款待的產婆們

童話世界中出現的「聰明女性」，又添上了一筆，將她們描繪成具有超能力的女性。在以前都會翻譯成「巫女」，然而現在大多譯為「具有神力的女性」。薔薇公主的父王之所以希望這些「具有神力的女性」可以疼愛自己的女兒，正是想要她們運用其超凡力量祝福自己的女兒。因此她們不單只是贈與物品，也包含品德與美貌等，正是這個緣故。

迪士尼動畫原作夏爾·佩羅的〈睡美人〉與《格林童話》的〈薔薇公主〉非常相似。在佩羅的故事中，是邀請全國所有的妖精來參加慶祝宴會，替國王女兒取名。妖精有七位。然而，還有另一名杳無音信的妖精，下詛咒的正是她。

在那個還沒有創立大學和婦產科的時代，「聰明女性」發揮了產婆的功能。有時候產婆也會成為替孩子取名的人。替孩子取名的人，必須在新生兒受洗之前替其取名，直到那個孩子長大成人之前，都扮演其法定監護人的角色。在基督教中則稱為教母（God Mother）或教父（God Father）。〈薔薇公主〉中登場的具有神力的女性，我想應該就是這種幫忙取名的產婆角色。

薔薇公主之所以會陷入百年沉睡，就是源於未受招待的那位具有神力女性的憤怒。至於為什麼沒有邀請她，是因為金色的盤子只有十二個。以日常生活的角度來想，這種餐具都是以一打為計算基礎，因此一般來說，少一個盤子並不稀奇。即便如此，再怎麼說還是國王舉行的宴會；照理講，根本可以多準備一兩個金盤才對，為何沒有這麼做呢？

大家腦中應該都會立刻想到，十三是個不吉利的數字。在耶穌遭到處死的前一晚，最後晚餐的列席者，包含耶穌一共十三人。其中有背叛耶穌的猶大。因此就連現在大家仍會避免讓宴會的參加人數達到

把嬰兒獻給惡魔的女巫

十三人。

確實在《格林童話》中是十三人，然而在《佩羅童話集》則為七人。問題並不在參加者人數，而是有一個人沒受到邀請。因此，我便大膽地如此假設：也就是說，邀請具有神力的女性（產婆）前來參加慶祝宴會是慣例，即使金盤數量不足也沒必要刻意訂做，表示她們早已不是VIP了。

由兩位聖道明教士所撰寫的《給魔女的鐵鎚》（一四八六年）中，曾大力抨擊產婆，「產婆為對天主教最具危害的人物」、「女巫產婆殺害孩子或獻給惡魔，造成更多傷害。」

這是個天主教徒攻擊產婆的時代。即使薔薇公主的國王想要那些具有神力的女性疼愛自己的孩子，卻也想盡可能與產婆保持距離，其心態並不奇怪。在這方面若解讀成那個時代就連國王都不得不屈服，恐怕是一種恣意的解釋。

然而，就在薔薇公主陷入沉睡的同時，城堡的時間也停了下來，全部都靜止了。只有城堡周圍的野薔薇持續生長，把整個城堡包圍了，最後就連城堡的樣貌都無法辨識。

包覆薔薇公主城堡的薔薇，並不是觀賞用的豪華人工栽培薔薇。我想應該是一種叫做狗薔薇（Rosa canina），它乃樸素可愛原始物種的薔薇。正因狗薔薇會攀爬的能力，具有一直往上延伸的特性。我曾在希爾德斯海姆（德國中部）大教堂外牆看過攀爬覆蓋的狗薔薇樹，蔓延到相當高處。

薔薇最早現身於文學世界的作品據說是《基加美修史詩》。其中

希爾德斯海姆大教堂外爬滿了狗薔薇

有一節，「那個刺會如同野薔薇，刺傷〔你的手〕吧」（第二六九行）。這裡提到的薔薇，依照時代來看，恐怕也是薔薇的原始物種吧。

德國童話街道的沙巴堡城堡（卡塞爾近郊），就是以〈薔薇公主〉沉睡的城堡為原型廣為人知。城堡周圍生長了茂密的玫瑰，可以欣賞到花和果實。沙巴堡城堡的餐廳有提供撒上薔薇花瓣的料

沙巴堡城堡，以薔薇公主沉睡的城堡為原型而具有高人氣。這裡綻放的薔薇多為玫瑰。

理。在此販賣的薔薇花茶無論是味道還是香氣，我認為堪稱極品。

◆玫瑰（薔薇科 Rosa rugosa）

玫瑰的德文是Kartoffel-Rose（又稱為馬鈴薯玫瑰）。由於果實呈現扁平狀，我心想根本不像馬鈴薯啊，據說是此種玫瑰葉與馬鈴薯葉相似。順帶一提，日文中的玫瑰（浜茄子，讀音：ハマナス）其中的茄子並非蔬菜的茄子，而是因為果實的形狀很像梨子，以前稱為浜梨（ハマナシ），後來以訛傳訛才變成了浜茄子（ハマナス）。

浜茄子（ハマナス）為東亞包含日本的原始物種，是一八四五年傳到歐洲的品種。別名為Japan-Rose（日本玫瑰）。想不到童話街道的薔薇公主沉睡的城堡，竟然是受到傳唱的那個網走紅玫瑰所包圍。【譯註：這裡應是指電影《網走番外地》的歌詞】

狗薔薇

◆狗薔薇（薔薇科 Rosa canina）

狗薔薇是歐洲最普遍的野薔薇。花朵的顏色為近乎白的粉色，花瓣為一重（五片）。無論在英語（Dog rose）還是德語（Hunds-Rose）中都有狗這個字。帶有狗這個詞頭的植物，一般而言實用性較多，通常用來形容似是而非的東西。例如，番紅花（鳶尾科）和秋水仙【譯註：日文為「犬番紅花」（百合科）是日文裡才會有這個詞頭，中文的名稱沒有，此外，以前歸類為百合科，不過現在植物分類上屬於秋水仙科】的花長得很像，卻是完全不同種的植物。

那麼狗薔薇的狗字是怎麼一回事呢？是否認為和園藝品種的高級薔薇相比，不但實用性低，並且似是而非呢？如果是這樣的話，真是失禮的命名。當然盛開的大朵重瓣園藝品種固然美，不過說到底還是由狗薔薇等原始物種改良後才有的品種。不可以輕視其父母。

狗薔薇和玫瑰（Rosa rugosa）的鮮紅色果實在英文稱為 Rose hip 而德文則是 Hagebutte，薔薇茶便是使用這種果實製作，含有大量的維生素C，具有利尿、排汗、促進血液循環、預防感冒的效果。還能做成果醬，玫瑰精油能用來平衡調整賀爾蒙，而其香氣更是療癒。從根長出來的新枝只要扦插就能繁殖，也能作為嫁接用的砧木。實用性相當高。

狗薔薇多生長在德國森林空地或路旁，隨處可見。春天會綻放一朵花，而秋天則會結出鮮紅的果實。狗薔薇正是薔薇的原點。

【譯註：玫瑰與薔薇在日常中文使用上較易混淆且不明確，本書翻譯所採用的薔薇是薔薇科薔薇屬的統稱，而玫瑰、狗薔薇、野薔薇則為薔薇科薔薇屬下的三種品種。】

玫瑰的果實。只要是野薔薇的果實都稱為 Hagebutte（Rose hip）。

4〈六隻天鵝〉——解除詛咒的花草

這就是天鵝王子？不過多了一隻。在德國常常能看到在河川中悠游的天鵝。

在森林中迷路的國王遇到了女巫，女巫說只要國王願意娶她的獨生女為王妃，就告訴他穿越森林的路徑，於是國王就答應了這個承諾。女巫的女兒儘管很美，但卻有種詭譎的氣質。國王與過世的前妻之間，生養了六個兒子和一個女兒。國王深怕王妃欺負他的孩子們，便把孩子藏在森林裡的城堡中，並且三不五時就會偷偷地去見他們。王妃得知此事便用女巫之術，把六個男孩變成天鵝。倖免於難的小女兒為了尋找不知飛向何處的哥哥們，便來到森林深處，終於再度相會。

哥哥們在晚上只有十五分鐘能恢復人類之身，之後又會再度變成天鵝。為了解除哥哥們身上的詛咒，妹妹必須連續六年不說也不笑，使用一種叫做「星星之花」的花朵，縫製六件哥哥們的衣服。

從此以後，妹妹便採集星星之花，並會坐在樹上專心地製作衣服。時光就這麼流逝，有一天，某國的國王來到了這個森林，發現了這位小女兒，便將她帶回城堡娶為王妃。

然而國王的母親是個邪惡的女人，並不贊成國王的婚事，因此把王妃所生的孩子藏起來，還對國王宣稱王妃將孩子吃掉了。由於王妃不能說話，故也無法辯解。第二個孩子被藏起來時，國王仍舊不理會他母親，但到了第三胎，無可奈何之下只好對王妃進行審判。處以火刑。

在樹上編織衣服的小女兒。
（Ludwig Richter 繪）

當王妃被送上處刑台時，正好縫製到第六件衣服，唯獨剩下單側手臂的部分尚未完成。這時飛來了六隻天鵝。當王妃將完成的衣服一一拋向天鵝後，她的哥哥們就恢復了原形。只有最小的哥哥少了一隻手臂，取而代之的是，背上還是天鵝的翅膀。

王妃終於能說出在自己身上發生的事，而三個孩子也回來了。狠

上圖：圍觀火刑的群眾。這樣的光景在迫害女巫時代很常見。（一五八八年科隆）
下圖：遭處以火刑的女巫。（一五五五年迪倫堡）

心的女人則取代王妃遭到燒死。國王一家從此過著幸福快樂的生活。

The End.

這個故事的登場人物較多，因此關係也較複雜。國王在森林裡遇到的女巫，是否在把女兒嫁給國王後，就完成了她的任務呢？她從此再也沒有出現過。她的任務只是把女巫之術傳授給她女兒罷了。而女巫的女兒也是在把男孩們變成天鵝後，就再也沒有出現。這裡出現了一個疑問，女巫的女兒究竟是不是女巫？

《格林童話》有許多故事中的女兒其母親都是女巫。有些就如同這個〈六隻天鵝〉的女兒一樣，成為母親女巫的成功後繼；也有些像〈老母驢〉（吃了高麗菜就會變成驢子的故事）的女兒一樣，儘管心地善良，卻因受到母親女巫恫嚇，心不甘情不願地做惡的女兒。在《格林童話》的世界中，即使母親是女巫並無法一概而論女兒也會是邪惡的女巫。

然而，在迫害女巫的時代，遭到告發為女巫的女性，其母

〈漢賽爾與葛麗特〉（即糖果屋）的女巫則是被放到麵包爐裡烤死。（Franz Graf von Pocci 繪 ）

親也會被視為女巫，一同受到審判，處以火刑。

好在妹妹以星星之花編織的衣服終究趕上了，才能千鈞一髮地免於遭到處刑，而這個星星之花（Stern Blume）究竟是什麼樣的花呢？真的是能夠編織成衣裳的花嗎？話說回來，能夠以花來編織衣物嗎？最後難免會導向這個問題，而最開始的第一件衣服能夠就這樣撐六年嗎？或許不該將童話做如此實際的解讀，但仍不禁這麼想。

《格林童話》中遭到女巫詛咒的故事大約有十則。例如〈青蛙王子〉是王子受到女巫詛咒變成了青蛙，為了解除詛咒，需要公主的協助。而〈樹林小屋〉裡的王子遭到女巫詛咒成了老頭子，後來因「善良親切的女性」而得以解除詛咒。而〈六隻天鵝〉中這般使用花草解除咒語的手法較為稀奇，它是由女魔法師而非女巫下的詛咒。其他也有故事是使用花草解除咒語的。

在那之前，必須先提一下，關於女巫之術和魔法的差別，在〈白雪公主〉中也曾提及，不過《格林童話》中對於女巫和女魔法師有嚴格的區分。女巫從頭到尾都是女巫，並不會在故事中突然改稱為女魔法師。

在《格林童話》中大多都沒有寫出女魔法師的下場，然而只要是女巫，則下場都非常淒慘。例如〈漢賽爾與葛麗特〉的女巫被燒死於麵包爐；〈白新娘和黑新娘〉中的女巫遭到處以放入滿是釘子的桶子裡，再讓馬匹拖行該桶子之刑；其他還有因受到火刑、吊死、毆打等等而死的女巫。也就表示，由於女巫是邪惡的存在，即使最後下場淒慘，也莫可奈何。可見迫害女巫時代對於女巫根深柢固的價值觀。

〈約靈德和約靈革爾〉就是個可藉由花草來解除女魔法師詛咒的故事：有個名叫約靈德的女孩，被女魔法師用魔法變成一隻鳥，為了解除這個咒語，需要「紅如血並且正中央有一顆美麗大

〈約靈德和約靈革爾〉中，約靈革爾因戀人遭到女魔法師變成鳥，嘗試幫忙恢復其人類之身。（George Cruikshank 繪）

友禪菊

珍珠的花」。她的戀人約靈革爾翻山越嶺走九天九夜終於尋獲。

這朵花確實紅如血，正中央的不是珍珠，卻是「巨大的露珠」。或許這個「巨大的珍珠」是一種使用比喻的表現。若是帶有朝露的紅花，並無不可能。但光是如此還缺乏決定性的線索，無法鎖定花的名稱。果然只能說是想像出來的花朵。那麼〈六隻天鵝〉中的「星星之花」也是完全虛構的花朵嗎？日文大多翻成「友禪菊」，學名 Aster novi-belgii 中的 Aster 有星星的意思。而花韭和大星芹在德文裡也是星星之花，都是美麗的花朵。儘管認知上不可能存在有以花編織而成的衣服，不過光是想像如果有的話，一定是美麗的衣裳，相當有趣。

◆花韭（百合科 **Ipheion uniflora**）

為球根植物，其德文有「春天的星之花」的意思。花如其名，只有三至五月的開花期能看到其地上部分。花的形狀也確實呈星形。因為花朵、氣味皆近似於韭菜，故得此名。

◆大星芹（繖形科 **Astrantia major**）

大星芹屬於歐洲庭園中不可或缺的園藝植物。不具有日文名稱（アストランティア・マヨール），而直接以學名大星芹（Astrantia major）稱呼。德

花韭

文則為 Sterndolde，俗稱 Sternblumen。

原產於廣大的歐洲，生長於森林與草原。大星芹本身並不高大，莖的頂部會開出美麗的花朵。看似花瓣，卻有如星光呈放射狀發散，其中心綻放數十朵小花。有白色、粉紅色，也有深紫色的品種。

大星芹（出自一八八五年德國植物圖志 *Flora von Deutschland Österreich und der Schweiz*）

5〈萵苣公主〉——金髮女孩與女魔法師

一名懷有身孕的女子由於很想吃鄰家栽種的萵苣，她要求丈夫去向對方要來。隔壁是女魔法師的家，丈夫偷偷摸摸地盜採萵苣回來給妻子吃。妻子讚不絕口，隔天也吵著要吃。當丈夫又進入菜園打算偷採時，被女魔法師逮個正著。

女魔法師在了解事情原委後說道，「如果是這樣的話，想吃多少都

放下金髮的萵苣公主。
（Heinrich Lefler & Joseph Urban 繪）

可以給你。然而，相對地孩子出生後必須交給我。」丈夫恐懼不已，便答應了。女兒終於出生後，女魔法師便前來帶走這個孩子，將她取名為萵苣。

當女孩長到十二歲時，被關進只有上方一個窗戶作為入口的高塔中養育。那麼，女魔法師究竟如何進入塔中呢？當她在高塔下說，「萵苣姑娘，萵苣姑娘，放下妳的長髮吧。」金色的長髮便會從上方的窗戶放下。女魔法師就這麼抓著長髮攀爬上去。在此我們不需要刻意去

上圖：高塔中的萵苣公主。
（Otto Ubbelohde 繪）
下圖：奧圖 · 烏伯鏤德（Otto Ubbelohde）負責《格林童話》所有的插畫，多以其故鄉馬爾堡近郊作為原型。位於阿姆瑙（Amönau）的這座塔就是「萵苣公主」高塔的模型。

討論頭皮究竟痛不痛。因為故事中也沒有提及原先是如何將萵苣公主關進這個連入口都沒有的高塔。

就這樣隨著時光流逝，有一天有個王子經過高塔，聽到萵苣公主的歌聲從塔中傳來，便愛上了她。就在連續盯梢幾次過後，王子得知了女魔法師的手法，就有樣學樣；當萵苣公主看到王子嚇了一跳，畢竟這是她出生以來第一次看到男性。不過在聽到王子溫柔的話語，她便愛上了王子，也接受了他的求婚。

最後女魔法師得知了萵苣公主與王子的祕密，一氣之下剪掉了她的長髮，並把她放逐荒野。之後女魔法師從窗口放下萵苣的長髮，不知情的王

上圖：因憤怒而剪掉萵苣公主頭髮的女魔法師。（Philipp Grot Johann 繪）
下圖：路德維希堡城堡（斯圖加特市）公園中，萵苣公主塔。

子進入塔中，一看驚覺站在那裡的卻是長相嚇人的女魔法師。當王子得知萵苣公主已不在，便絕望地從高塔一躍而下。這時，王子的雙眼遭到高塔下的玫瑰刺傷，成了盲人。幾年以來，他在森林中哭著尋找萵苣公主，徘徊度日。

而萵苣公主在荒野的一間房屋中生下了王子的孩子（雙胞胎），在那裡生活。最終，王子來到了荒野，聽到了萵苣公主的歌聲。就這樣，兩人終於能夠重逢。她留下兩滴眼淚，沾濕了王子的眼睛，王子便恢復了視力，有個快樂的結局。

這個故事的有趣之處，其實只到萵苣公主遭放逐以前。特別是萵苣公主將金髮放下那幕，應該能夠煽動畫家的創作欲。光是蒐集這一幕的繪畫，就能集結成冊了。

在塔下大喊「萵苣公主」，作為感測器的長髮辮子就會從窗戶順順地放下來，也有遊樂園有「萵苣公主之塔」這樣的設施，總是令孩子們開心不已。二〇一〇年迪士尼製作了〈長髮公主〉（片名：《魔髮奇緣》）的3D動畫。儘管與《格林童話》中的〈萵苣公主〉故事相當不同，然而銀幕上的長髮仍舊非常壯觀。

說到頭髮，稍微比較恐怖的是，二十世紀醫學界所發表的長髮公主症候群。主要出現於二十歲以下的少女，她們會把自己的頭髮吃下肚，屬於異食症的一種。在日本則稱為食毛症。

也就是說，提到萵苣大家就會聯想到長髮，然而這個故事的開端——萵苣，究竟是什麼樣的植物呢？

格林兄弟在《格林童話》解說書籍裡，僅簡單提及這是收錄自弗德里希・舒爾茲（Friedrich Schulz）書中（一七九〇年）的故事。然而，到了二十世紀，童話研究家馬克思・綠提查出這是翻譯路易十四的法國人女官德拉佛爾斯（de La Force）的作品《妖精的房屋》（一六九八年）裡的一篇故事〈佩希內特〉（Persinette）。

佩希內特在法文中為芹菜的意思。儘管佛爾斯表示那是她自創作品，然而在義大利詩人吉姆巴地斯達・巴西耳（Giambattista Basile）故事集《五日談》（一六三四～一六三六年）中也有類似的故事——

牧根草風鈴草（Campanula rapunculus，長髮公主桔梗）

〈佩喬西耐拉〉，其意思也是芹菜公主。

也就是說，巴西耳的〈佩喬西耐拉〉和佛爾斯的〈佩希內特〉都是芹菜。既然如此，為何舒爾茲在翻譯佛爾斯的作品時要改成「萵苣」？這令我感到非常不可思議。

根據小澤俊夫在《格林童話的誕生》中，比較了佛爾斯與舒爾茲的作品，在佛爾斯的〈佩希內特〉中提到：「這個時代，在此香芹是極其珍貴的物品，可是特別從印度訂購的植物」，然而舒爾茲在翻譯這部分時，他翻譯成：「萵苣在這個時期仍然是非常珍貴的草，可是從海的彼端訂購來的物品。」

儘管無法了解這個故事究竟是發生在哪個時代、哪個地方，不過香芹的原產地為地中海沿岸，古希臘時期被視為神聖的植物，古羅馬時代則作為料理食用。中世紀的修道院也有大量栽培。

反而，萵苣卻似乎無法如此特定出來。現階段最有可能為敗醬科的野苣，原產於地中海沿岸，十七世紀以後，便開始以蔬菜田栽種。日本也採取此說，因此萵苣的日文名稱為ノヂシャ（野萵苣）。我也是若提到萵苣，就認為是野苣。然而，在德國稱為萵苣的植物有兩種。一種是花朵盛開時呈吊鐘形狀，為桔梗科的牧根草風鈴草。這在十六世紀時，已成為食用植物，於蔬菜田栽種。

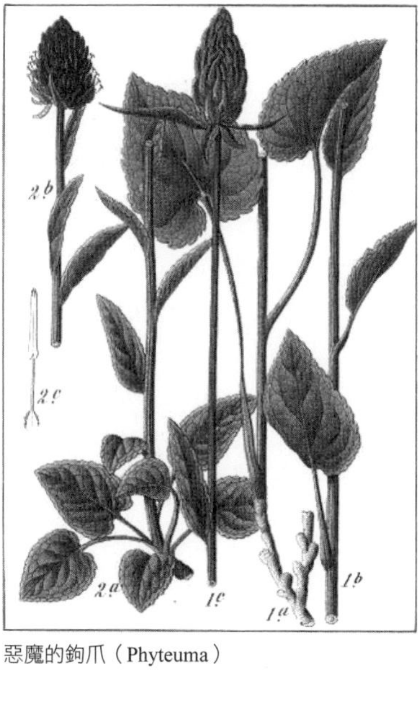

惡魔的鉤爪（Phyteuma）

另一種則為桔梗科的「惡魔的鉤爪」。這也被稱為萵苣，有好聞的香氣，在過去也當作蔬菜食用。生長於歐洲海拔六百公尺以上的山岳地帶。

翻閱植物圖鑑，可看到其莖上方有紫色的小花呈紡錘狀綻放，這種花的一部分有如鉤爪一般向外彎曲。這個可怕的名稱由來，據說與基督教普及前的宗教儀式有關。

某位德國女藥草治療師以「惡魔的鉤爪」就是〈萵苣公主〉中的植物作為前提介紹它，而她的解釋令我相當吃驚。女魔法師因萵苣遭竊而暴怒；萵苣公主的母親想吃到「不能吃寧可死」的地步，這是因為她們都被惡魔的鉤爪勾住了，即受到惡魔引誘，故萵苣公主親生父親其實是惡魔。

儘管無法得知舒爾茲是想到哪一種萵苣，才把香芹翻譯成萵苣，然而如果在舒爾茲所處的年代屬於稀有蔬菜的話，果然還是十七世紀以後才開始栽種的野苣，此說法較為有力。然而疑問仍舊存在，究竟在法國與義大利香芹是否曾經如此稀有？

此外，還有另一個疑問：也就是萵苣公主雙親及女魔法師的後續。故事中再也不見這對夫婦蹤影，只能想成他們的角色存在已經功成身退了，這種走向在童話中很常見。

但女魔法師呢？萵苣公主喚她為葛索阿姨。葛索（Gothel）是教母（取名者）的方言。關於教母在〈薔薇公主〉有詳細說明，是新生兒很重要的人物。

女魔法師也替這個出生的孩子取名，並且緊盯著她不讓那些蒼蠅般的男性靠近。在王子出現以前，萵苣公主和葛索阿姨的感情並不糟。最後萵苣公主放開了教母的手，通過重重試煉抓住了幸福。

儘管葛索把萵苣公主關進高塔這點較為極端，不過葛索應該也盡她所能細心地養育呵護萵苣公主。雖說她是女魔法師，卻沒有使用任何魔法。即便如此，每當提到恐怖的女魔法師，特別在電影或繪本中往往會變成女巫。或許是因為她把新生兒帶走的緣故。

萵苣公主的教母葛索，儘管一怒之下把萵苣公主趕了出去，不過她一定希望萵苣公主得到幸福。她對萵苣公主的父親說：「我一定會讓她幸福，我會像母親一樣照顧她。」她或許是一個人，孤獨地吃著自己菜園裡的萵苣過活；又或是以綁架孩童的女巫為由，遭到女巫審判吧。無論是哪一種下場都很可悲。

◆野苣（敗醬科 **Valerianella locusta**）

日文名稱為ノヂシャ（野萵苣），與菊科的萵苣是完全不同的物種。在德國普遍都稱為野苣（Feldsalat），也有些包裝上會標示為萵苣（Rapunzel）或者寫出兩者。可將嫩葉摘下作為生菜沙拉食用。超市也有把菜葉包成一包，或者秤重販賣。

如果不摘下來的話，莖就會長長，並開出白色的小花，非常可愛。其味道不會太重，我喜歡稍微汆燙一下，做成日式涼拌青菜來吃。野萵苣屬於富含鈣質的蔬菜很適合孕婦食用。

順帶一提，香芹的鐵質含量豐富，具有增進食慾、消除疲勞、去除肌膚斑點等效果，同樣也適合孕婦食用。在日本常作為配料的香芹葉子較小又有皺褶，這是因為經過品種改良。

上圖：野苣，再稍微長大一點就能吃了。
下圖：野苣的花。

6〈霍勒太太〉——受到祝福的接骨木

「把我們搖下來吧！把我們搖下來吧！現在正好吃喔！」霍勒博物館的展示面板。（卡塞爾近郊，黑西斯希利希特瑙市）

有一位美麗又勤奮的女孩，她繼母只疼愛懶惰又醜的親身女兒，卻總是讓她做艱苦的工作。有一次，正當她在紡織時，從指尖噴出的血液把線軸染成鮮紅色。於是她打算以井水清洗線軸卻不慎把它弄掉入井裡。她哭著去找繼母，卻遭到責罵，「是妳弄掉的，去撿回來。」女孩實在沒有辦法，只好跳入水井中尋找線軸。

然而，竟來到了一片花朵盛開的草地。她走著走著看到了烤麵包爐。有很多烤好的麵包拜託她「把我們拿出來」。她照做後，繼續走著走著，接著遇到了結實纍纍的蘋果樹。蘋果拜託她「搖動這棵樹，放我們下來」。她又照做，繼續往前走，就抵達了一間小屋。

屋裡頭有一個滿口巨大牙齒、有點恐怖的老婆婆。她原本打算拔腿就跑，不過老婆婆對她說，「如果妳幫我做家事，我就會讓妳得到幸福」，於是她便決定在老婆婆家工作。幫老婆婆整理床鋪，特別是用力甩枕頭的羽毛。

老婆婆說，「這麼一來，在人類世界就會下起雪來。我是霍勒太太喔。」據說在德國即使到現在，一下雪大家仍然會說「霍勒太太在拍枕頭」。

讓陸地上下雪的霍勒太太。（Otto Ubbelohde 繪）

她努力地完成了老婆婆交代的工作，過了一陣子還是開始想家了。因此霍勒太太便讓她回家。當她一走出門，一陣黃金之雨從天而降，包覆了她的身體。她回家後把在自己身上發生的事告訴了繼母。

那麼，接下來發生了什麼事呢？這次換又醜陋又懶惰的女兒登場。她同樣地把線軸丟進井裡，並跳了進去。但是，對於麵包和蘋果的請求，她都厭惡地拒絕了，在霍勒太太家也只有第一天認真工作，到了第二天就開始遊手好閒。霍勒太太讓她回家時，她以為會下起黃金之雨，便開心地站到了門下。想不到，竟然從上方倒下了一大鍋煤焦油（災厄）。當她回到家以後，身上那些又黏稠又黑的煤焦油一輩子都洗不掉。

〈霍勒太太〉是描寫善良又勤奮的人將會得到快樂結局的典型童話故事。我們知道在童話中有魔法，動植物會說話等等，與現實生活相違之處。因此〈霍勒太太〉的家可以出現在井底、甩枕頭的羽毛會化成雪從天而降，這些內容我們都能欣然接受。

只不過，這個霍勒太太並不是為了童話而虛構出來的人物。根據自古以來的民間謠傳，霍勒（Holle）就是一個住在異次元世界的不可思議存在。關於霍勒的真面目，有各種說法。霍勒也稱為胡爾達（Hulda）、佩露西塔（Perchta）、貝魯希特（Bercht），據說在一月六日的主顯節（基督教的紀念日）晚上，或者是十二夜（聖誕節至主顯節前），飛到空中觀察女孩們是否勤奮工作。勤奮的女孩可以得到獎賞，而怠惰的女孩則會受到處罰。她特別喜歡努力紡織的女孩。

儘管傳說中對於霍勒的描繪不盡相同，然而唯一的共通點就是，非得要穿過池塘或水井才能前往霍勒的世界。池塘或水井正是通往異次元世界的通道。也就是說，霍勒被視為居住於冥界的死亡女神。與其說是童話故事的登場人物，霍勒本來就存在於傳說的領域中。

霍勒有的年輕有的年老，有的醜陋有的美麗，其年

霍勒在巴伐利亞被稱為佩露西塔（或貝魯希特）。

齡和容貌並沒有一定。根據口耳相傳，她會變成年輕貌美的女性，在白天來到河川沐浴，惡整路過的旅人或獵人。此外，也有傳說指出孩子是從霍勒居住的池塘出生，死後人的靈魂又會回到那裡。禮拜天出生的孩子（傳說禮拜天出生的孩子會得到幸福）會時常聽到池塘裡傳來的鐘聲。如果想要生孩子的話，可以到那個池塘沐浴，那裡的水據說有強大的療癒能力。

她是居住在地底，即死亡世界，有時會現身於地面上。這較接近在基督教之前就存在的古代死亡女神。這是與異教眾神家系圖相連的女神。教會不可能認同這些神祇。

於是基督教便來打壓異端與異教。不只是暴力，也運用了傳教這種較為溫和的手段。並且採取融合策略，將民眾重要的祖先風俗習慣，融入基督教。

譬如說，在基督教會納入以往民間舉行的迎春慣例，作為慶祝耶穌基督復活的復活節；對於無法採納的部分，則視為反抗神的恐怖女巫所為，以這種全新概念一一抹殺。霍勒也是如此，在天主教較為強盛的巴伐利亞地區（德國南部）等，則不再接受對於霍勒的崇拜行為。

童話故事〈霍勒太太〉和〈薔薇公主〉中出現的重要物品——線軸，被視為女巫的象徵。儘管理由並不明確，但也不難了解。紡織一直以來都是女人的工作。有人在自家紡織，而受僱的女性則是在紡織房工作。就如同街談巷議一般，在紡織的同時，可以彼此交換各種資訊。這就成了不滿的開端，最後演變成能夠威脅權力的一股大勢力。害怕這種事態的當權者，便刻意將線軸塑造成反社會存在的女巫（又或女性）象徵。

紡織廠的女員工在寒冬中能待在溫暖的工作室實在值得感謝。有時候和監督人聊天，也會唱唱歌。

然而，來到十八世紀，女性們開始受僱於紡織同業工會賺錢。當時已經過了迫害女巫的最高峰。

霍勒是對自然界有影響力的古代女神。其中，霍勒和接骨木的關聯最為人知。接骨木在德文中稱為Holunder。Holunder的Holu，或者胡爾達（Hulda）的Hul，據說都是取自霍勒（Holle）。

在大家仍相信霍勒存在的年代，人們對於接骨木抱有特別的情感。或許是認為砍伐或傷害接骨木，就等同於傷害霍勒，因此不得不砍時，還會向接骨木請求原諒。

此外，接骨木也被視為可以保護自己不遭受魔術、女巫、火災、落雷的樹木。傳說只要待在樹下，就不會被蛇咬，或者

接骨木

受到蚊蟲叮咬。

接骨木在德國鄉間的庭院或道路都很常見，屬於非常普遍的植物。春天有白色小花一叢叢綻放，並不醒目。然而到了秋天，紅紫色的小漿果結實纍纍的樣子，只要看過一次，就不會認錯。樹皮有一層厚厚的木栓質，時間一久會變稠黑褐色，甚至裂開。傳說恐怖的裂痕就是霍勒的臉。

接骨木有如「庭院裡的藥箱」一般，從樹幹到根部，全都能利用的完美植物。霍勒不僅賜予接骨木她的名字，還送上了能夠替人治病的神奇力量。有說，完全奉獻己身工作的接骨木成了霍勒的眼鏡，因此才獲得霍勒名字的一部分做為獎賞。無論如何，童話故事的霍勒太太與逐漸遭到遺忘的霍勒傳說不同，現在仍然受到歡迎。勤奮的女孩取名為黃金瑪麗（金色的瑪麗），而懶惰的女孩則為災厄瑪麗（焦油瑪麗）。

德國有幾處號稱為霍勒的住家。其中最有名的是卡塞爾（Kassel，德國中部）近郊的霍勒之池。卡塞爾是格林兄弟長年居住，創造出《格

甩動枕頭的霍勒太太。（位於黑西斯希利希特瑙市的霍勒公園）

林童話》的城鎮。

這是一個非常古老的池塘，池底還曾發現石器時代的打火石，以及西元九十年左右的羅馬金幣。格林兄弟也在十九世紀初造訪了此地。在他們出版的《德國傳說集》（一八一六年）中，有五個霍勒傳說，其中兩個就是和這裡的霍勒之池有關。傳說「這一帶的山和沼澤住著許多妖魔鬼怪，常常困擾或傷害旅人與獵人」。

在這個周圍有許多樹木圍繞，悄悄地恢復平靜的池塘，只要起霧，即使到了現在，仍有股「妖魔鬼怪」在此徘徊也不奇怪的氣氛呢。

◆西洋接骨木（忍冬科 Sambucus nigra）

在日本以英文名稱 Elder 較為有名。由於花朵具有促進排汗的作用，因此當感冒時，可以喝接骨木花茶。果實可以製成果汁、茶、果醬、果凍，或者糖煮。葉子則可以用來治療扭傷、撞傷、瘀青等。接骨木別名西洋庭常，將其枝幹煎煮至黏稠狀，在過去作為治療骨折的貼布。也曾是綠色、紫色、黑色等染料的材料。在重新檢討化學染劑的現代，加入 Holunder 天然色素的染料逐漸獲得較好的評價。能應用於各個領域的 Holunder，說是民間藥品之王，實在是實至名歸。

位於梅斯納考逢嘎（Meissner-Kaufunger）自然公園森林中的霍勒之池。（由卡塞爾往東南二十公里）

第 2 章

德國傳說

女巫與不可思議的植物

格林兄弟蒐集了許多以前的故事加以分類，先後出版了《格林童話》以及《德國傳說集》。針對童話與傳說的差異，格林兄弟曾在《德國傳說集》的序中提及：「童話中較具有詩的要素，而傳說則是含有較多歷史的要素。……應該將傳說與歷史兩者相互疊合，視為一條河川來思考。」（櫻澤正勝、鍛治哲郎譯）

至於是否不懂歷史就無法理解傳說的有趣？倒也不盡然。以〈哈梅爾的吹笛手〉傳說為例，即便不了解德國十四世紀的狀況，不知道哈梅爾以磨粉為主要產業的地區特殊性，仍不減故事的趣味。

此章所選的五個故事即便不參考歷史讀起來也很有趣。開始的兩個故事是流傳於哈茨地方（德國中部）的女巫傳說。這在我前作《女巫不傳的魔法藥草書》中曾簡單介紹過，我知道會有重複，不過由於在日本這些傳說不曾受到介紹，因此不只是大綱，我希望能讓讀者盡量在接近原作的情況下閱讀。藉此讓大家了解在哈茨這裡是如何談論「沃普爾吉斯之夜」和女巫。並且我也希望讀者能夠了解這個創造出女巫傳說的哈茨地方。

接著則是兩則刊載於《德國傳說集》中，具有不可思議力量的曼德拉草與百合的故事。最後是德國的英雄敘事詩《尼伯龍根之歌》裡有關樹的故事，雖然這並不屬於傳說，不過它是個一片葉子就決定人類命運的故事。

格林兄弟說童話是「如牛奶般溫潤美好的食品」，而傳說則是「有分量的料理」。那麼在本章出現的五個故事究竟是怎麼樣的料理呢？

1〈德呂貝克的青年〉

——沃普爾吉斯之夜與藥草

本節所介紹的故事乃集結哈茨（Harz）地區傳說的《哈茨精彩傳說》（Wiesenmüller 編）中所收錄的一則女巫傳說。所謂沃普爾吉斯之夜，即在四月三十日這天夜裡，女巫會來到布羅肯（Brocken）山上聚集，與惡魔同歡。

很久以前，在德呂貝克的村莊裡，有一對年輕的兄弟。兩人常常邊牧羊邊談論女巫和惡魔的話題。也曾想過「我們這個村莊裡，究竟有幾個巫女呢？」這樣的問題。

就在沃普爾吉斯之夜（Sankt Walpurgisnacht）當日黃

德呂貝克為人口約一千五百人的小村莊。每逢沃普爾吉斯之夜，油菜花便會盛開。

昏時分，兩人坐在山中十字路口上，吹著笛子牧羊。那是個美麗的夜晚，兩人都不願回家。他們想看女巫參加沃普爾吉斯之夜，朝著布羅肯山飛去的樣子。

因此兩人打算在此等到入夜，並且為了不讓女巫對他們作怪，使用牛至草、纈草和女巫草做成一個圓圈。兩人便在圓圈中小睡。

這時遠處響起了教堂的鐘聲，午夜已經降臨。整個夜空開始熱鬧起來。女巫有的乘著掃帚、撥火棒、堆肥耙子，有的騎著公山羊、母豬、雞、貓頭鷹、蝙蝠，進到啤酒杯、水桶、奶油木桶，一邊低吼一邊前來。

最後就連住在青年隔壁的女性，也將乘著堆滿乾稻草的無馬拖車飛去。於是兩個青年終於忍不住，對她叫喊道：

「也帶我們去。」

「好啊，上來吧。」女性回答。兩

布羅肯山上，在沃普爾吉斯之夜沐浴的女巫。
（Rettelbusch 繪）

個青年不忘帶上以牛至草（奧勒岡）、纈草、女巫草捆成的草束。

馬車快速地在空中奔馳，一眨眼就來到了高山上。山頂上正在焚燒許多木柴。賓客眾多，大家一起配合著美妙的音樂手舞足蹈。頭上有兩根大角的惡魔，也將剃下的狗毛燃燒，撒到空中。於是，四處便芳香四溢。

惡魔跳著舞、吹著笛子。而青年終於忍不住，也使勁地吹起笛子。惡魔發現後，便將可以吹出更大音量的笛子拋了過來。女巫跳到跟房子一樣高，繼續跳著舞。

惡魔做個暗號，音樂便戛然而止。他汲取「女巫之泉」倒入女巫的盆子裡。任何人都必須用這個水清洗身體。惡魔一時興起把所有人丟進水中，歡呼聲此起彼落。

霎時間，突然一切停止，所有人都消失無蹤。兩位青年以為自己是作夢。事實上，是因為兩人在牛至草等植物做成的草圈之中。這時，惡魔現蹤問兩人，「你們兩個，有沒有想要的東西？」他們回答，「想要好的笛子。」惡魔說道：「那這個給你們，」將笛子遞過來後便消失不見。翌日五月一日當太陽升起，笛子就變成了奄奄一息的貓咪，吹嘴的部分則是貓的尾巴。也就是說，青年昨晚正是含著這隻貓的尾巴吹奏。

沃普爾吉斯之夜，在德國民俗學者普雷托流斯《布洛斯貝爾格的惡行》（一六六八年）一書中初次介紹到。後續將會探討此類型傳說誕生的背景。

與惡魔圍成圈跳舞的女巫。大家應該看得出來他們彼此背對背，這是一種稱為「撒巴特」（Sabbath、Sabbat）的舞蹈形式。

等一下，回來談談德呂貝克青年的故事，當兩個人在思考究竟自己的村子裡有幾個女巫時，完全沒有任何可怕的感覺。就連鄰居太太是女巫也毫不在意。反而還視為一個機會，請對方帶他們前往沃普爾吉斯，且仍不

布羅肯山頂

忘帶上驅魔的草。

我們因此可得知兩位青年對於沃普爾吉斯之夜非常有興趣。據說沃普爾吉斯之夜似乎只有女性才能參加，男性無論如何也會想去。因此，傳說有的男性會尋找女性塗剩下的飛行軟膏，把這種軟膏往身上塗抹後企圖飛行，但因不知道正確的咒語，而四處碰碰撞撞好不容易才抵達；也有的男性會以一路上完全不說話作為前提，請妻子帶自己前往，卻在途中不小心叫出聲來從空中墜落。每當讀到這樣的故事，就會覺得哈茨的女巫並不是恐怖的女性，而是只有到了沃普爾吉斯之夜才稍微喘口氣玩樂的普通女性。

在基督教傳入以前，五月一日是慶祝春天到訪並期許夏季豐收的日子。前一天即四月三十日的沃普爾吉斯之夜，則為驅除冬日魔神，祝福春天的夜晚。對於以農耕生活為主的人來說，新芽生長的春天、太陽能量最強的夏天、帶來收穫喜悅的秋天，都是重要的季節。大家在附近的高山上，載歌載舞以驅逐冬日魔神，並向他們的神祈求豐收。

儘管基督教對於此種異教活動感到不快，卻無法將之完全根絕。因此基督教便故意移花接木，將迎接春天改為基督教神的工作，而冬魔則為女巫或惡魔，沃普爾吉斯之夜則為恐怖的撒巴特（惡魔崇拜集會）。

哈茨居民信仰的神祇實為日耳曼的神祇。即便在全德國都改信基督教後，北德人內心深處想必仍存在著身為薩克森人的自尊。說到薩克森族的起源，在格林兄弟《德國傳說集》中有記載「根據古老的民間傳說，薩克森人與其第一任國王阿斯卡內斯（阿斯卡尼伍斯）皆一同自哈茨山中的岩石誕生。」

德國基督教是由南方開始盛行。如同哈茨這種北德地區當時幾乎不接受基督教。他們這些薩克森族即使受到法蘭克王國的查理大帝征討時，仍舊維持對於古代神祇的信仰，以及風俗習慣一陣子。

詩人海因里希・海涅在其《精靈故事》（一八三五～六年）中針對「基督教是如何抹殺古代日耳曼宗教，或者將該宗教某些部分採納進基督教的做法，以及民間信仰是如何保存古代日耳曼宗教的痕跡」進行論述。海涅因身為猶太人而不被社會接受，其後改信基督教，他將此稱為「進入歐洲社會的入場券」——這番話令我替他感到悲傷。

儘管沃普爾吉斯之夜這種在四月三十日晚上迎接春天的風俗習慣仍存在，但其中已不見古代神祇的蹤影。大家對於將沃普爾吉斯之夜視為恐怖惡魔與女巫的撒巴特這點也深信不疑。即便如此，只要閱覽哈茨傳說就可得知村民非但不忌諱這個夜晚，還很期待四月三十日之夜的到來。

哈茨位處於下薩克森邦與圖林根自由邦的一部分，下薩克森邦將近一半以上為山岳地帶。該地最有名的正是傳說中「沃普爾吉斯之夜」的舉行地點布羅肯山（高一一四二公尺）。

在柏林圍牆倒塌後，山頂上懸掛的布條寫著「布羅肯山頂再次自由！」（一九八九年十二月）

布羅肯山的妖怪（明信片，布羅肯博物館）

村民對於布羅肯山懷有深厚的感情。在德國擁有小名的山並不多，布羅肯山則有「布羅克斯貝爾克」這樣的小名。當德國分裂為東西兩國時，布羅肯山為東德的山脈。到了一九八九年十一月柏林圍牆倒塌後，隔月十二月哈茨人穿過雪道突破禁區，登上蘇聯舊基地的山頂慶祝解放。我的朋友也參加了那次的活動。

布羅肯山一年之中有半年會產生霧氣。冬天為雪所覆蓋，而夏天則有強風吹拂。人們將這樣的現象稱之為布羅肯現象。當太陽光照射布羅肯山後方時，就會在雲霧之中產生彩虹圈，由於可在彩虹圈中看見自己的影子，故在哈茨將此稱為布羅肯的妖怪。

女巫乘著公山羊、母豬前往沃普爾吉斯之夜。（明信片，布羅肯博物館）

在梅菲斯托費勒斯帶領之下來到沃普爾吉斯之夜的浮士德。（萊比錫，奧爾巴赫地窖餐廳的壁畫）

北歐仍然留存沃普爾吉斯之夜的傳說，我也曾聽說現在瑞典還有慶祝這個夜晚。然而，只要提到沃普爾吉斯就和德國，而且是布羅肯山關聯，這樣的定論受到德國文學家歌德作品《浮士德》的影響。該作品針對這個夜晚發生的事進行了詳實的描述。

主角浮士德受到惡魔梅菲斯托費勒斯邀請，而參加沃普爾吉斯之夜。眾多女巫唱著而來：「精油給予力量，襤褸幻化為肌膚，酒桶為船，今天飛不起來就永遠無法飛行。」（池內紀譯）

認為女巫應該乘著掃把飛行的人，或許會對「把酒桶當船」感到詫異。在〈德呂貝克的青年〉之中也出現許多交通工具。

有關女巫的飛行我已在前作《女巫不傳的魔法藥草書》中詳細介

紹過。能夠飛上天並非掃帚的神力，而是把會產生幻想或懸浮感的成分，如顛茄、罌粟、大麻、洋金花等當作基底製成的軟膏，塗抹在身上就會有如此效果。《浮士德》中女巫所歌頌的「精油」就是指這種軟膏，女巫把此種軟膏塗在身上便能精神抖擻地飛向沃普爾吉斯之夜。

哈茨傳說中出現的則是飲料而非軟膏。浮士德喝了女巫廚娘所調製的飲料便恢復年輕。似乎飲料的製作較為容易。只要沒選錯藥草，再將那些藥草放入酒中醃漬即可，相當簡單。所使用的藥草應該與軟膏的成分大同小異。

在哈茨的特產店有販賣名產「女巫藥草酒」。將丁香、藥用一串紅、肉桂、月桂葉、杜松等香味強勁的藥草放入利口酒中，此酒儘管氣味香甜卻很濃烈，因此較難直接飲用。雖然不太合我的口味，不過如果可以飛天的話，還是會心甘情願喝下肚。

那麼，話又說回《浮士德》中的沃普爾吉斯之夜，當晚出現了美麗女巫、年輕女巫、年長女巫、半人女巫、甚至二手用品店的女巫。

哈茨名產女巫藥草酒

歌德住在威瑪（與哈茨鄰接的德國東部城鎮）時，曾蒐集哈茨一帶傳說來閱讀。在他的作品中四處都有採納這些傳說。譬如說，浮士德把他的戀人拋諸腦後與美麗的女巫共舞，直到他目擊女巫口中飛出紅色老鼠才恢復神智。在哈茨，傳說紅色老鼠是由女巫所創作。

德呂貝克的青年將驅魔的草帶到布羅肯山上。纈草或牛至草等驅魔草並非稀有的藥草，於田園或路旁都可輕易找到。這兩種藥草我在前作已有詳細說明，兩者皆具有強烈的氣味。牛至草（Origanum vulgare）類似胡椒具有好聞的香氣，而纈草（Valeriana officinalis）則會散發出令人想要掩鼻的臭味。如此強烈的氣味似乎就是驅魔草的關鍵。

哈茨名產年輪蛋糕上有女巫的圖樣

◆女巫草（柳葉菜科 Circaea lutetiana）

此種草本植物分布於歐亞大陸較為涼爽的區域。【譯註：根據維基百科，該草又名「露珠草」】花期為五至六月。由於日本沒有此種植物故無日文名稱。與其近緣種水珠草十分類似。

女巫草乍看是平凡無奇的草本植物，甚至會讓人懷疑這憑什麼是女巫草。然而其學名的 Circaea 來自希臘神話中使用魔法的女神喀耳刻之名。

女巫草

喀耳刻以魔法料理將奧德修斯（荷馬史詩《奧德賽》主角）的部下變成豬。會有這樣的學名，或許可以想成喀耳刻當初料理的材料中有使用到這種女巫草。

撒巴特的餐桌。桌數不少，看起來很是熱鬧。客人男男女女，負責服務的是一群小惡魔。即使看得到端來的盤子，也看不出是什麼料理。

享用撒巴特餐點的女巫。究竟在吃什麼呢？

抑或是與人們推測喀耳刻原本是古代的月之女神有關。古代母性宗教女神的至高母神（大母神）或者地母神（大地母神）後來都被基督教女巫化。而希臘羅馬神話的眾女神也是面臨同樣的下場。因此，女巫草也可能是過去獻給古代女神的藥草。

話說，沃普爾吉斯之夜的晚宴究竟有什麼樣的料理呢？在〈德呂貝克的青年〉故事中並無提及食物的部分，僅寫道「四處芳香四溢」。這是否為料理的氣味呢？或者又是散發著什麼樣的香料呢？

在女巫論者烏赫利西・莫利圖爾的著作《吸血鬼與女巫》（一四八九年）中有刊登兩幅名為「女巫的撒巴特」木版畫。兩幅都是畫上三位女巫一同享用撒巴特料理，儘管可勉強看出桌上放有一個大玻璃酒瓶與麵包，然而餐盤上究竟盛著什麼，再仔細看也看不出個所以然。

在艾希斯特（南德）受到女巫審判（一六三七年）的四十歲女性針對在撒巴特所吃到的食物曾供稱：「烤肉和湯都放在綠色的器皿中，全部都像發霉似地難吃，又黑且無味……完全不見麵包和鹽。」被冠上參加過撒巴特的罪名，即使完全沒有印象，但不回答就等著遭受拷問伺候；所以我想她死命想出來的竟然是這種料理，不禁悲從中來。

即使只存在於傳說中的世界也好，德呂貝克的青年享用了香味四溢的佳餚，且享受了沃普爾吉斯之夜。

2〈女巫凡特立德〉——採集藥草的少女

這也是出自《哈茨精彩傳說》中的女巫傳說。

從博德塔爾（Bodetal，哈茨博德川溪谷）往上看，有聳立天際的赫克森坦茲普拉茲（Hexentanzplatz，女巫舞池）台地。根據古老的傳說，那裡曾居住著會使用凡特立德這種法術的女性。由於她總是使用

博德川溪谷深處，可隱約看見赫克森坦茲普拉茲台地。

恐怖之術作惡多端，大家謠傳她是女巫並且避而遠之。她會舉辦舞會或派對，運用花言巧語邀請可愛的少女來參加，最後以法術將少女變成女巫。

那是發生在哈茨村人改信基督教後的事，有一個篤信基督教的塔勒（赫克森坦茲普拉茲山腳下的村莊）少女，她的名字是希爾達。在某一個美好的夏日傍晚，她前往森林採集藥草。採到藥草時，她總是小心翼翼地放入籃子內，並決定將籃子裝滿藥草後便回家。

天色已經逐漸昏暗，似乎很難再找到良好的藥草。少女行走了數十步，月光便穿過樹梢灑下銀色光線照亮了她的腳下。

沃普爾吉斯之夜，在森林裡摘採除魔草的少女。（Ludwig Richter 繪）

在過去採集藥草是女性的重要工作。這是我在德國發現的可愛木雕人偶。

這時候她想起在月夜下採摘的藥草會更有效，而且必須邊採集、邊口唸咒語。這個咒語是傳授自希爾達的母親，她是個寡婦，也是甫改信基督教的虔誠教徒。因此她的女兒希爾達就如同純異教徒，非常了解這些咒語，也不認為使用這種力量是壞事。

之後希爾達便再度埋首於尋找藥草，進行採集。每當她的手指將藥草自土壤拔出時，從她的口中吐出古老且罕見的言語。這是過去村莊裡的風俗習慣。

有一株藥草的根部很難拔，於是希爾達蹲了下來。這時她發現身旁的杜松樹上，有一雙黃色的眼睛盯著她看。那是雙有如貓頭鷹般圓圓的眼睛。她驚聲尖叫快速逃離，一路跑向森林之中。在她跑了好一陣子後環顧四周，看到月光曝照的森林空地上有一隻像貓一樣大的生物發出奇聲向著她而來。

她逃亡之際聽到背後傳來低沉的嗓音。「不要怕。我什麼都不會做。這樣好了，我來告訴妳哪種草可以和妳愛戀之人修成正果吧。」

希爾達想要的正是那種草。不過她並沒有因此而遭到誘惑。那頭動物不斷逼近，持續在她耳旁重複同樣的話語。然而，希爾達知道，那頭動物的真面目就是女巫凡特立德。

儘管希爾達死命地逃向森林的出口，然而當她發現逃錯方向時，她人已經在赫克森坦茲普拉茲山腳下了。那裡是凡特立德的地盤。那頭動物瞬間變成削瘦的女性，頭髮灰色捲曲，眼睛布滿了血絲。從她那歪斜的大口中噴出了藍色火焰，朝向希爾達襲來。

霎時間，希爾達奇蹟似地想起她那虔誠母親的教誨以及基督教的各種奇蹟，她以右手畫十字聖號並喊道：「主啊！救世主，請來到我靈魂身旁。」

近乎同時，有一道風捲來，陣陣雷鳴使岩石搖動，把邪惡的凡特立德吹走。當凡特立德被吹到空中時，遭到岩石打中就此石化。

希爾達平安返回村莊，最終和戀人結婚，成為三個孩子的母親。她的子子孫孫成為誠實的礦工，幾百年來都在這個美麗的哈茨山區生活。

相傳為古代祭祀遺跡的「馬蹄痕」

現在許多人為了一睹赫克森坦茲普拉茲美景的風采而來，然而當月色朦朧呈現黃色，照射山頂上的雲霧時，在這樣的夜晚山腳下的人們會比畫十字聖號，不安地竊竊私語道，「快看，凡特立德在引誘少女們去跳舞。」

博德川流經兩個形狀完全相同的斷崖，這兩個斷崖面對面聳立。一邊的斷崖上的台地就是赫克森坦茲普拉茲，那是有「薩克森之牆」之稱的石牆。據說是取自薩克森人曾居住此地，才有此名稱。

另一邊的斷崖上則有稱為「Rosstrappe（馬蹄痕）」，如馬足跡的凹痕。有可能是古代日耳曼人祭祀時所留下的遺跡。布羅肯山附近有一座山名為武爾恩貝爾格，這裡挖掘出似乎為古代日耳曼人在此居住的遺跡。此外，也傳說日耳曼神話的主神沃丹（又稱沃坦）孩提時期曾居住在這一代。儘管這些都是無稽之談，不過仍可由此得知哈茨曾經是信仰日耳曼神祇的薩克森族地盤。

在二十一世紀的今天有許多觀光客來到赫克森坦茲普拉茲。廣場的中央有數個大石頭圍成的原型「女巫圓圈」，一座頭上坐著妖孽的女巫青銅像倚著石頭。女巫臉上有巨大的疣，其肩膀上有老鼠，臀部上則有蜘蛛。

儘管這個青銅像是出自現代雕刻家之手，仍可看出女巫臉上的疣正是根據迫害女巫時代所留下的刻板印象。

女巫當然不是戴著黑色三角帽、肩上乘著一隻貓四處走來走去。其實被指控為女巫的人都是一般人，她們的外表與其他普通人並無不同。然而

女巫青銅像

在審判時利用拷問逼迫女巫自白，並宣稱女巫在看不見的地方有疣、痣，有時甚至說她們有三個乳頭，對這些女性進行帶有侮辱的身體檢查。在哈茨地方的女巫判決光是十六世紀就有高達八千件。

雖然無從得知〈女巫凡特立德〉的傳說是何時出現，不過應該是希爾達母親甫改信基督教不久的時候。因此當時仍留下異教的風俗習慣。說是異教倒不如說是民間的風俗習慣。

大家都希望打獵成功，農業豐收，這時候如果相信某種儀式或咒語的力量，理所當然會加以運用。然而具有咒語要素的民間儀式與習慣最後仍然被納入基督教的活動。將夏至摘藥草與施洗約翰這一天重疊。過去人們會把摘下的藥草帶到山上請神明為自己淨身，不知不覺中則改為獻上瑪莉亞的祭壇，請求她為自己淨身。

據說審判官藉由判定女性是否為女巫的裸體調查，以消除遭到壓抑的性慾。

因此希爾達所唸的異教咒語便引來了女巫凡特立德。傳說中的凡特立德總是被描繪成居住在森林裡的恐怖女巫，但只要改變看法，也可說她是拒絕改變信仰，而逃到森林生活的女性。或許她對於什麼都遭到基督教奪走的村莊感到痛苦，而誘惑少女也只不過是想尋求同伴。

然而凡特立德因希爾達口中的「主啊」，而無情地遭到石化。比畫十字聖號的行為或者說出「神」等話語，就能保護自己不受到魔物侵襲。在哈茨的某個村莊，傳說看到女巫們齊聚跳舞的青年大喊一聲

伊爾賽之岩（伊爾賽斯坦）。口耳相傳這座立有十字架的岩石，曾被女巫變成岩城。這是一八一三年為了紀念拿破崙戰爭時期犧牲者的十字架。

流經伊爾賽斯坦山腳下伊爾賽河。德國詩人海因里希・海涅在其《哈茨紀行》曾提到它是哈茨三條河中最美的河流。

「天啊！」女巫便一哄而散消失無蹤。「天啊！」這句話為表示強烈否定時使用的固定句型，直接由德文翻譯過來就是「請神保佑我」。也就是說因為出現「神」這個字，導致女巫消失。就連凡特立德也無法抵抗「神」這個字。

哈茨山地西側有一座岩山叫做伊爾賽斯坦（伊爾賽之岩）。據傳居住在這裡的女巫伊爾賽由於嫉妒公主的美貌，把公主的城堡變成岩山，並裝上了只有伊爾賽看得到的門。於是公主只能在伊爾賽規定的日子外出。由洪佩爾丁克作曲的德國歌劇《漢賽爾與葛麗特》（又譯《糖果屋》，第一次演出在一八九三年）中的女巫角色設定，就是住在這個伊爾賽斯坦一帶的森林中。

說到森林中的女巫，我曾經看過一幅有趣的景象：有一排蘑菇沿著山的斜面往山上長。長成一圈的蘑菇稱為女巫圓圈，這較為常見。不過卻很少看過排成一列的蘑菇，因此我便將它取名為女巫隊伍。在德文中有森林植物的名稱與女巫相關，非常有趣。

竹下菌（Phallus impudicus）為女巫蛋；澤漆（Euphorbia helioscopia）的汁液為女巫乳；而東北石松（Lycopodium clavatum）的孢子則為女巫麵粉。

究竟有幾位女巫隱居在哈茨森林裡呢？

看起來像女巫排成一列？

3〈愛娜溫〉——淪為虛構的植物

在格林兄弟的《德國傳說集》中有這樣一個故事。來源自〈給市民與農民的手冊〉（一七四四年）。

凡是盜賊家庭出身、由屬於盜賊家族之母親所生下的孩子，即使並沒有犯下竊盜等罪嫌，一旦自白為強盜遭受絞刑時，若是年輕處男的話，小便或精液失禁之處便會長出名叫愛娜溫或Galgenmännlei（絞刑台的少年）的植物。

其莖的上部有大片的葉子與黃色的花。挖取這種植物將伴隨著極大的危險。一旦把該植物從土中拔出，根部便會發出可怕的聲音，讓挖掘的人立刻身亡。那麼該怎麼辨呢？必須在週五太陽出來之前，以棉花或蠟塞住耳朵，帶一條全黑的狗一同前行。在愛娜溫上畫三次聖十字，挖掘周圍的土壤，處理到細如鬍鬚的根部與土壤碰觸部分僅剩一點點時，把根部以繩子綁在狗尾上，用麵包吸引狗兒漸漸離去。於是狗兒便會為了吃麵包而向前跑，將植物連根拔起。但是狗兒聽到那根部傳來的叫聲便會死去。

如此費盡心力得到的根以紅酒洗乾淨，用紅白相間的絲綢包裹放入小盒子裡。每到週五便得拿出來清洗，而新月的夜晚則得為它換上全新的白色內衣。

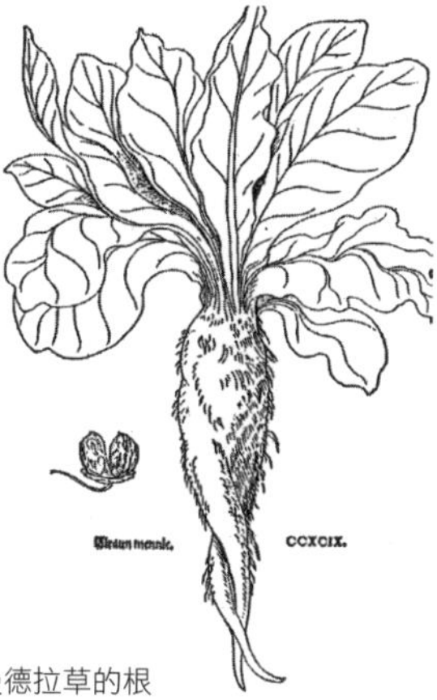

曼德拉草的根

由於愛娜溫具有預知未來、告訴人祕密，可以藉此獲得財富與繁盛。擁有愛娜溫便天下無敵，可以免於貧困，還能多子多孫多福氣。只要前一晚奉上一枚貨幣，隔天早上就會變兩枚。然而，如果想一直仰賴愛娜溫的力量，就不得許過大的願望。

若愛娜溫擁有者離世，必須由最小的兒子繼承，並在過世者棺材中放入一片麵包和一枚硬幣。若家中應該繼承的小兒子比父親早離世的話，則由長子繼承，並得由長子將麵包及硬幣與最小的弟弟一同埋葬。

愛娜溫在古高地德語（八世紀至十一世紀）中稱為阿露露娜和阿露露恩，根據格林兄弟，這名稱取自於古代日耳曼女神之名。這個愛娜溫正是以詭譎植物為人所知的茄科植物——風茄，又名曼德拉草（英文為Mandrake）。

以前口耳相傳像曼德拉草這般不可思議的魔法植物在現實中並不存在。為什麼呢？光憑它看似長了兩隻腳，形狀很像人類這點來說較為薄弱。我曾在德國的博物館看過一些曼德拉草根部的實物，怎麼看都不像人類。有其他植物的形狀長得更像人類下半身，例如高麗人蔘，有時候白蘿蔔也會長成類似的形狀。

此外，自古以來人們把曼德拉草當作治病的藥物使用，其有毒，若過量會產生幻覺甚至死亡。然而由於其他藥草也具有如此作用，因此這個解釋也無法讓人信服。

即便如此，一直以來仍流傳著許多曼德拉草那不凡力量的傳說。閱讀那些與曼德拉草有關的文獻時，有些很明顯讓人覺得那是作者刻意塑造出的恐怖形象。若該文獻沒有載明出處，疑心病的我就會忍不住懷疑。

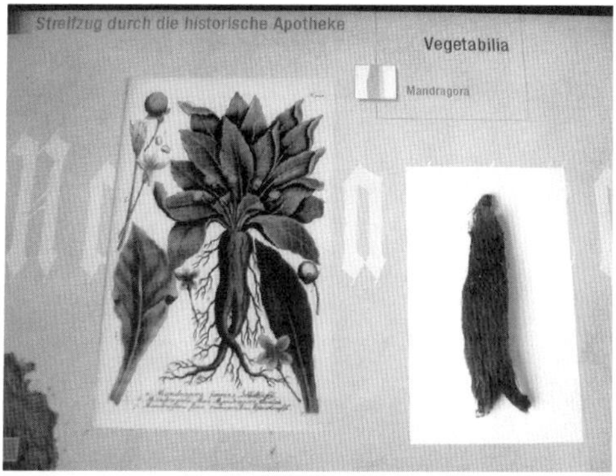

右方為實際曼德拉草的根部。（慕尼黑，德意志博物館）

曼德拉草傳說究竟是什麼呢？這個傳說的特徵在於其出生、形狀、連根拔起時的恐怖叫聲，挖出時的儀式與方法、曼德拉草所擁有的魔力。讓我們來整理一下。

很難確定曼德拉草究竟是何時出現。在《舊約聖經》中曾提到，在創造世界的第三天，神說「地要長出青草，和結種子的菜蔬，並結果子的樹木，各從其類，果子都包著核」（創世紀第一章第十一節），就這麼完成了。神不會出錯，因此曼德拉草應該也是在這時被創造出來。由於神第六天才創造出人類，所以在那之前曼德拉草就存在了。先把玩笑放一邊，從很久很久之前曼德拉草便早已與人類產生連結。

圖坦卡門墓中的小盒子裝飾。下方繪有採集曼德拉草的少女。（下）照片的下半部：線描

在埃及的法老圖坦卡門（Tutankhamun，西元前一三四二年左右～西元前一三二四年）的墓中發現了象牙製、具有蓋子的小盒子。其蓋子上的浮雕為法老與王后面對面站著。周圍雕有虞美人、矢車菊、曼德拉草作為邊緣裝飾。下方則為兩位女性採集虞美人與曼德拉草的繪

畫。

古埃及時期便已經開始栽種曼德拉草。當時的人將曼德拉草當作具有春藥效果的水果食用。在《舊約聖經》亞伯拉罕之孫雅各與兩位妻子利亞和拉結的故事中，曼德拉草以不知該說是春藥功效的結果，或者該說是具有受孕功效的植物登場。這個部分由於已在前著中詳細探討過，在此將省略不談，不過其效果似乎極佳。它被翻譯成日文「戀愛茄子」，而翻譯成英文和德文則是「愛的蘋果」，實在是譯得真妙。

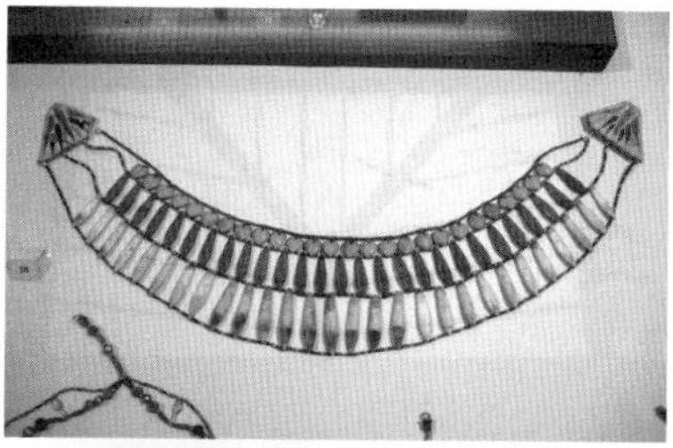

古代埃及的首飾。（下）心形的就是曼德拉草果實。（倫敦大英博物館）

又過了一段時日，古希臘哲學家和植物學家的泰奧弗拉斯托斯（Theóphrastos，西元前三七一～西元前二八七年）在其著作《植物志》中，針對曼德拉草提到，「把根部削皮浸泡到醋中，可治療丹毒、痛風，具有催眠、春藥的效用。」

曼德拉草由於含有天仙子胺、阿托品、東莨菪鹼等會引發幻覺的有毒成分，在過去曾用來做麻醉藥物來緩和痙攣、難產，同時還有會讓人沉迷於幻想世界的春藥效果。

此外，泰奧弗拉斯托斯在書中講述到，「據說切曼德拉草時必須在周圍用劍畫出三重圓圈望向西方切。」這項記述列入「採集具有藥效的根部，以及與其相關的迷信」項目中。也就是說，他認為這種挖掘方法是種迷信。

在古代埃及菜園中栽種的風茄，以及《舊約聖經》中從田裡取來的戀愛茄子，都沒有提及挖掘時的儀式。然而在泰奧弗拉斯托斯的時代，即便是從傳聞也可得知大眾將風茄視為需要儀式、具有魔力的植物。

在泰奧弗拉斯托斯時代的大約三百年後，古羅馬植物學家老普林尼（Gaius Plinius Secundus，西元二三年～七九年）曾在著作《博物志・植物篇》中斷言：「挖掘曼德拉草的人必須謹記不能面迎風，先在周圍以劍畫三個圓圈，再朝向西邊挖掘。」

但是，兩人的著作中都未提及曼德拉草那可怕的叫聲以及使用狗協助的方法。因為我實在太好奇了，便開始查證。於是發現利用狗兒的方法，看來應該是始於西元一世紀活躍於羅馬的猶太作家弗拉維奧・約瑟夫斯（Titus Flavius Josephus，西元三七～一〇〇年間）筆下。

在其著作《猶太戰記》中，他針對霸拉斯（Baaras）這種特別危險的植物寫道：「直接用手觸摸非常危險，恐將喪命。必須小心讓手在不碰到這種草的狀況下拔出根。能夠避開危險的另一種採集方法如下，」後方便介紹了利用狗兒挖出根部的方法。

採集曼德拉草的情形，右方有帶著狗的人。（約一世紀的繪畫）

許多研究學者皆認為這個霸拉斯就是曼德拉草。

儘管約瑟夫斯的著作獲得好評，不過因他寫的內容實在較為誇張，並且按照自己的意思解讀歷史，因而也受到批評。評價一個人的是非是件難事，不過他似乎是個問題人物。約瑟夫斯和老普林尼可說幾乎是同一時代的人物。不知究竟是老普林尼不曾聽說利用狗兒的方

上圖：為了不要聽到曼德拉草根那可怕的叫聲必須吹奏號角。（中世紀的圖畫）
下圖：迪奧科里斯與曼德拉草。

法，還是他不認為曼德拉草和霸拉斯是同種植物呢？

不過，如果霸拉斯這種植物以及利用狗兒的方法都是約瑟夫斯所創造出的產物，其他人還真能對它感到畏懼又欣然接受其存在。因此利用狗兒的方法才會流傳至今不曾消失。

那麼，曼德拉草根部的叫聲又是怎麼一回事呢？在約瑟夫斯的著述中並未寫到根部發出的叫聲，反而寫有「其顏色有如燃燒的炎色一般，會在傍晚發出光亮」，如此新訊息。

另外，不知曾幾何時，甚至描繪出挖掘者只要不去聽那個叫聲，使勁吹笛即可，這種嶄新的主意。也聽過有版本是以蠟作為耳塞。甚至流傳曼德拉草到了夜裡會來到陸地上，偷偷地四處行走，還有如同本節一開始的傳說一般，由遭到處刑囚犯失禁流出的精液累積處長出，這些恐怖的傳言逐漸傳開。

在古希臘醫師、植物學家迪奧科里斯（Pedanius Dioscorides，西元四〇年左右～九〇年）的《藥物論》手抄本中，有許多藥草的插圖。其中也有曼德拉草的插圖。希臘神話的寧芙（妖精）把曼德拉草交給

變成採集重要成員的狗兒

迪奧科里斯。她的腳邊有畫出看似已經喪命的狗兒。這是五一二年的手抄本。狗儼然已經成為曼德拉草的附屬品（attribute）。

儘管曼德拉草有如此詭異的傳說，泰奧弗拉斯托斯和老普林尼都只把此種植物當作藥用植物看待。老普林尼在書中記載了保存曼德拉草的方法，以及藥用液體的作法，也寫到光是嗅聞到根部或果實的汁液就會頭痛、讓人失聲甚至致死，以四、五毫升為適量。到了迪奧科里斯時期，他的處方指示更加詳細，只要適量不但可以麻痺疼痛、緩和下痢，也能作為灌腸藥劑。

曼德拉草的原產地為地中海及黎巴嫩地區，常見於人煙稀少的原野。這真令人感到意外。畢盡盛傳這是能夠作為財運護身符的珍貴植物，才會進行超級麻煩儀式去挖掘出來，因此我以為曼德拉草根部在當時應該以高價販售才對。一五七〇年在瑞士沙夫豪森（地處德瑞交界）有三名販賣偽造曼德拉草的流浪者遭到逮捕。他們把胡蘿蔔根加工成像人形的樣貌。可見當時的需求多到有詐騙出現的地步。

曼德拉草的傳說與現實似乎天差地別。它真是一種謎團籠罩的植物。

《格林童話・巨人和裁縫》中也出現曼德拉草。膽小的巨人和膽大的裁縫師較勁，巨人心想「這個人體內有曼德拉草」而感到畏懼。巨人認為裁縫具有如曼德拉草般的神奇力量。即使沒有任何說明，也可得知當時對於曼德拉草的恐懼已經深深固著。

到了二十世紀德國作家漢斯・海茲・愛華斯（Hanns Heinz Ewers）寫了一本名叫《愛娜溫》（*Alraune*，一九一一年）的奇幻小說。透過人工授精出生的美少女愛娜溫，其魔力讓周遭的人走向毀滅。此書不僅在德國暢銷，也翻成日文版。在後來的《哈利波特》和多數的漫畫、遊戲軟體問世之前，曼德拉草成了讓人走向毀滅、不可思議、若遵循固定方法挖掘就會致死的恐怖植物。

曼德拉草的花

曼德拉草一直以來被視為沒有形體僅有意象的植物。也就是說，曼德拉草成了虛構的植物。

◆曼德拉草

（茄科 Mandragora officinarum=M.vernalis/Mandragora autumnalis Spreng.）

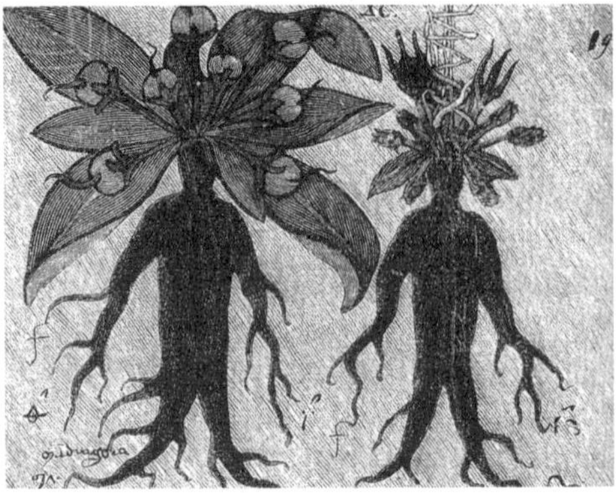
這會是雌雄的曼德拉草嗎？（六世紀於拜占庭的手抄本）

歐洲的曼德拉草有分春天開花（Mandragora officinarum）與秋天開花（M.autumnalis）的品種。春天開的花是紫褐色，而秋天開的花則是淡藍紫色。葉子呈叢葉型，由於沒有莖，圓滿的果實就直接長在地面上。

這是繪於十六世紀的雌雄曼德拉草圖。在我前作的封面與封底都有曼德拉草的圖案，雌曼德拉草擁有如維納斯一般的美麗姿態，而雄曼德拉草卻像悲慘的裸男。有關於雌、雄曼德拉草的記載，雖然不知道是不是始於老普林尼，不過在其《博物志》中有提及。事實上並沒有區分雄株與雌株，曼德拉草本生就是雌雄同株。

曼德拉草的根、葉、果實（未成熟的）、種子皆含有可怕的毒性成分──生物鹼。在創造出世界最古老都市文明的蘇美（現在伊拉克共和國南部）曾使用曼德拉草的根、葉、液體作為牙齒止痛藥、健胃劑，因此當時的人普遍知道適當分量的調劑方法。

關於曼德拉草真正的毒性，根據藥學界的報告中，若攝取其果實儘管會產生數日的幻覺，不過結束後就會恢復正常，實際上並無死亡案例。果實若是成熟就幾乎無毒。

愈是深入調查曼德拉草究竟在何時變成如此奇妙的傳說，愈是讚嘆人類那無窮的想像力。

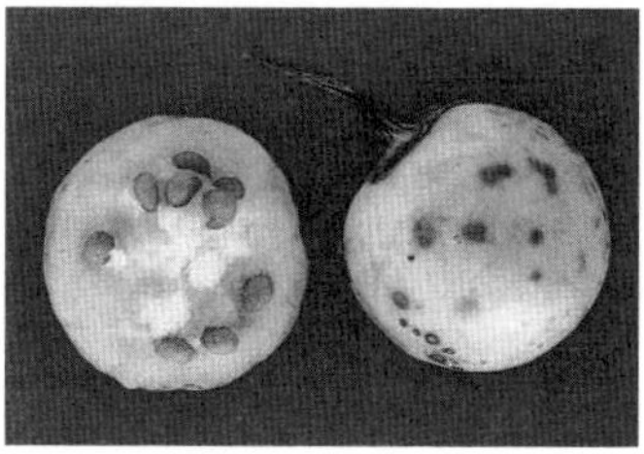

曼德拉草的果實

4〈科何威修道院的百合〉——亡者之花

在威悉河畔的科何威修道院（Corvey Abbey），每當有修道士快要死亡，掛在聖堂內殿青銅花環的百合，便會在其死前三天預告。

這個百合會離開花環，來到將死之人的椅子上。如此一來絕對難逃一死。這個不可思議的現象據說持續了數百年。有天一位年輕的修道士看到自己椅子上有百合時，他便把百合放到年邁修道士的椅子上。年邁的修道士知道自己即將死去便生起病來，最終又恢復健康。反觀想要逃避死亡的年輕修道士，則如預言般在第三天猝死。

這是記載於《德國傳說集》的〈科何威修道院的百合〉內容摘要。

以前我曾造訪科何威（德國中部）修道院。

它也是德國國歌作詞的著名詩人法勒斯雷本（一七九八～一八七四年）長眠於此地，頗氣派的修道院。我曾參觀過內部，或許有看到內殿的青銅花環，不過當時我並不知道這個故事，可惜沒有仔細看。但假使當時知情，花環上沒看到百合的話，可能會嚇出一身冷汗吧，所以或許還好當初並不知道這件事。

科何威修道院。建於九世紀，為德國早期的基督教文化中心。（下薩克森邦）

法勒斯雷本之墓

在同一本《德國傳說集》中有另一個〈百合〉的故事。有一位男性知道如何將砍頭後恢復原樣的魔術，而受邀至宴會來表演，他砍下了男僕的頭卻不知為何接不起來。他想一定是賓客之中有人蓄意阻擾他的魔術，就要求大家不要擾亂。然而，不管試了幾次男僕的頭依舊無法復原。

於是這名男性讓桌上長出一株百合，並把那朵花斬斷。結果有一名賓客便從椅子上倒下，他的頭滾到地上後，男僕的頭便恢復了。這名男性最終只好離開該地，直到獲得原諒以前都沒有回去。

故事就到此。這名男性為了消除擾亂自己的人，把百合花想像成人頭將之斬斷。在那個時代，普遍相信只要製作一個和想詛咒對象類似的物品，再加以施法，這個法術就會降臨在該對象身上使詛咒成功。這和日本把稻草人看作討厭的對象，每天夜晚丑時來到神社用五寸釘把草人釘到神木上。這種詛咒方法由於不是實質上攻擊對方，因此應該有人會想嘗試。

可是，為什麼是百合呢？如果是我，反而腦中會先浮現輕輕落下的山茶花朵。或許就如同科何威修道院的故事所述，百合是亡者之花。

《格林童話》中有〈三隻小鳥〉的故事。有對三姊妹，姊姊嫁給國王，而兩個妹妹則各自嫁給大臣。在姊姊懷孕時國王不得不出遠門，只好託兩位妹妹照顧她。然而，生不出孩子的兩個妹妹竟然把姊姊的孩子丟到河裡淹死。於是就有小鳥飛來唱歌，「或許你已有死亡的覺悟，接下來會受到神的庇護，在那之前變成一束百合花吧。勇敢的男孩。」

這兩個妹妹對國王說姊姊生出了狗。國王說如

科何威修道院外觀

威悉河（Weser River）

果這是神決定的那就算了。於是有如童話的套路，同樣的事件會重複三次。國王終於忍無可忍把王妃關進牢中。而兩個男孩和一位女孩都被路過的漁夫救起。

這些孩子後來得知自己是被漁夫撿來的，便一個個離開踏上尋找生父的旅程。路途中的故事較長在此省略，不過最後他們終於見到父親，而母親也從牢獄中獲得釋放，邪惡的兩個妹妹則被燒死，故事結束。

這個故事裡有幾個有趣之處。因入獄多年身體孱弱的王妃，憑著飲用取自長有一株老樹的井水恢復健康。這棵樹和井水意象與前一章的〈霍勒太太〉有所重疊。而給孩子們建議的親切婦女，則符合「聽明女性」。妹妹們就這樣遭到燒死，這讓人聯想到處刑女巫等等。不過這些都先擺一邊，現在先來專門談論百合。

由於這個故事是以方言書寫，對我來說較難讀出當中特殊的義涵，然而針對小鳥所唱的歌可以這樣解讀：孩子們被丟到河裡或許真的喪命，而孩子們要上天堂還是再度回到人世間，都是神的決定。在那之前必須待在百合花束中等待。

在百合花束中一定有許多人等待神的指令。其中或許是人間和死亡世界的交界。故事中對於孩子們被丟入的河川，有提到「我想應該是威悉河」。這和本節一開始的科何威修道院同屬於威悉河畔，這是否僅是偶然？我並不清楚威悉河畔與百合究竟有什麼樣的關聯。

同樣在《格林童話》的〈貧窮和謙卑指引天國之路〉故事中，過世之人一手拿著玫瑰一手拿著百合花，因此其墓上也長出了玫瑰和百合。

在這些故事中，百合可以預告死亡，人類和百合藉由死亡結合成一體，或者作為靈魂暫時休憩的場所，可得知百合就是亡者之花。

《報佳音》Dante Gabriel Rossetti 繪，一八四九年。天使加百列手拿百合花向瑪利亞報信。

我們每個人對於花都有各自的想像。我非常喜歡每到彼岸日（春分、秋分）就會綻放的鮮紅彼岸花（曼珠沙華），然而因這花讓人聯想到燃燒的火焰，因此有不得放在家裡的迷信。

那麼對於百合則有怎麼樣的想像呢？百合那濃烈的芳香、那看似威武的雌蕊或雄蕊、一旦碰到衣服就很難處理的花粉，我認為百合是具有強烈自我表現欲的花朵。當然，這是我個人的看法。

百合是常出現在《聖經》的花朵，象徵純真無邪。其代表天使加百列手拿白色百合花，向瑪利亞傳達她將受孕的消息。那就是聖母百合（Lilium candidum）。若加百列沒有手持百合的話，可能已被投入花瓶放在地上。根據基督教的圖像學，傳遞受孕信息時為白色百合，瑪利亞身穿紅衣、藍色斗篷。

白色則由於未受染色是純潔的象徵。同時白這種無色與死亡這種絕對的無有所關聯。日本以前死亡的裝束大多為白色，近年來被稱為臨終衣裳（エンディングドレス）多選擇有顏色、圖案的洋裝或和服。不過，本節開頭的修道院百合，我認為一定是白色。

聖母百合

◆百合（百合科 Lilium）

百合的原始物種有近百種。是代表性的花。百合根有與鱗片狀葉子相連的鱗莖，其主要成分儘管為醣類，其中儲藏著蛋白質、鉀等養分，營養相當豐富。卷丹、博多百合等百合屬的球根具有滋養強壯、利尿、止咳、治療精神官能症、心神不寧的效果。

百合根在中藥上漢字寫作「百合」，日文唸作「hyakugo」。表示對於「百」種疾病的綜「合」症狀都有效。原來百合的漢字在日文裡有這層含義啊，令我深深折服。

日本料理也會使用百合根。最代表性的作法是加到茶碗蒸裡，有銀杏和百合根的茶碗蒸是極品。同樣屬於食用的茄子或馬鈴薯，花雖美卻沒有栽種來觀賞用；然而具有清純無邪意象，有時又和亡者有關的百合花之於茶碗蒸裡的百合根，這個差距非常有趣。

在德國也會食用同為鱗莖的洋蔥和蒜頭，卻未認同百合根的實用價值，實在相當可惜。

復活節百合。
基督教國家會在復活節時裝飾復活節百合。這是原產於琉球列嶼的麝香百合（Lilium longiflorum），有如喇叭般的白花向兩邊綻放。

5〈齊格非之死〉——龍之血與菩提葉

在一二〇〇年至一二〇五年間創作而成的英雄敘事詩《尼伯龍根之歌》（作者不詳）是有二千三百七十九節構成的大作。因此要簡介其內容非常困難。由齊格非與克里姆希爾特的婚姻、克里姆希爾特的哥哥勃艮第國王古倫特與冰島布倫希爾德公主的婚姻、兩位王妃克里姆希爾特與布倫希爾德賭上自尊彼此鬥爭、齊格非悲劇性死亡、克里姆希爾特的復仇、勃艮第王國的滅亡等等可各自成為獨立的有趣故事所構成。然而在此要介紹的是齊格非之死，以及致他於死地的一枚樹葉。

首先在調查這部大作中究竟出現多少植物時，令我大吃一驚：具

桑騰的風車，名為克里姆希爾特。

體講出名稱的植物僅有三葉草、柳樹、薔薇、菩提樹四種。我不禁懷疑自己的眼睛。儘管有三十七種手抄本，不過植物的名稱應該不會因此增加。而且前兩種植物還只出現在歌曲中，不但沒有特別意義也無用處。

然而第四種植物菩提樹，儘管這個名詞只出現三次，不僅在齊格非之死，於整部作品中占有極重要的一席之地。重點並不在次數。

出生於荷蘭桑騰（現為德國）的齊格非王子，為了向勃艮第國王古倫特之妹克里姆希爾特求婚，千里迢迢來到了沃姆斯（Worms，萊茵河畔）。齊格非在勃艮第國王身邊待了一年，他為飽受敵國侵略的勃艮第國奮力而戰，且贏得勝利。在慶祝戰勝的宴席中，他終於與克里姆希爾特相見。

齊格非幫助國王古倫特與冰島女王布倫希爾德結婚，並得到和克里姆希爾特結婚的許可。於是兩對佳偶的婚禮同時舉行。婚後，克里姆希爾特便在齊格非的故鄉生活，也生了小孩過著幸福美滿的日子。

然而過了一陣子，克里姆希爾特遲遲不回故鄉，而齊格非明明身為臣下卻不來伺候國王，布倫希爾德因此起疑並且逼問國王古倫特原由。布倫希爾德過去是個高傲的女王，她曾宣言自己只嫁給贏過自己的男性。而古倫特國王之所以能和她結婚，全憑齊格非的協助。齊格非使用從尼伯龍根族搶來的隱形頭巾，幫助古倫特國王打敗布倫希爾德。

當時齊格非以古倫特國王臣子的身分一同前往布倫希爾德的住處。因此布倫希爾德認為未前來伺候的齊格非是失禮之徒。由於古倫特國王實在是推託不了妻子的要求，於是便拜託齊格非和克里姆希爾特一同回娘家。

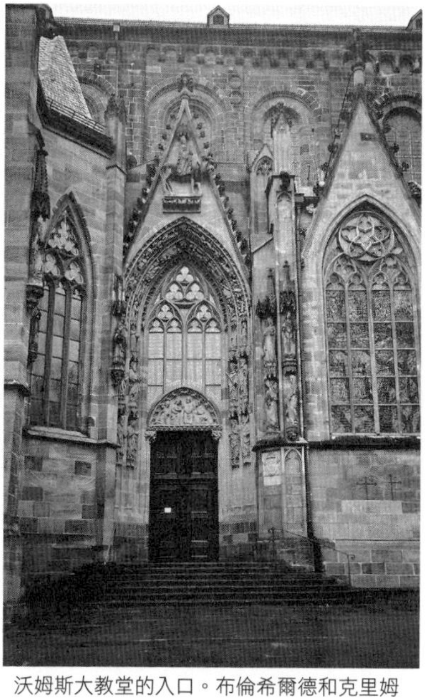

沃姆斯大教堂的入口。布倫希爾德和克里姆希爾特是否曾在此發生口角爭執？

於是齊格非夫婦又再次回到沃姆斯。有一天騎士們齊聚一堂，前來參加比武活動。布倫希爾德和克里姆希爾特一開始好端端地看著騎馬戰術的比賽，漸漸地兩人開始較勁，炫耀自己的丈夫比那些騎士更厲害。最後，布倫希爾德說出齊格非不過只是古倫特國王的臣子罷了，克里姆希爾特為了證明丈夫不是臣下，回答「進入教堂禮拜時，我要比你早到」，便不歡而散。

於是兩人約在教堂前見面，又是一陣針鋒相對。

炫耀丈夫、互相較勁的克里姆希爾特和布倫希爾德。（沃姆斯大教堂前）

布倫希爾德：「你一個臣下妻憑什麼站在王妃的前面？」
克里姆希爾特：「什麼時候側室能當上王妃啊？」布倫希爾德回道：「你說誰是側室？」
克里姆希爾特：「就是你啊。我老公可是最先愛上你呢。」
克里姆希爾特語畢便立刻步入大教堂中。布倫希爾德氣得發抖，彌撒結束後她抓住克里姆希爾特。

在泉水旁被殺的齊格非。

布倫希爾德：「你有我是側室的證據嗎？」
克里姆希爾特：「當然有。看看這個金戒指，這可是我丈夫躺在你旁邊時，為了我拿來的。」
布倫希爾德：「這個戒指被偷了，現在可讓我知道兇手是誰了。」
克里姆希爾特：「哎呀，把我當小偷嗎？那我現在身上的這條帶子

打倒龍的齊格非。（奧斯陸市政廳）

呢？」

聽到這番刺耳的話語，布倫希爾德臉色蒼白說不出話來。布倫希爾德在初夜時抵抗了國王，力氣不足的國王無計可施，便在隔天將這件事向齊格非抱怨。於是，齊格非又使用了隱形頭巾壓制住布倫希爾德，讓古倫特國王占有了她。齊格非就是在這個時候偷偷帶回布倫希爾德的戒指和絲綢腰帶，竟然送給了妻子。

布倫希爾德是多麼沮喪與憤怒。她終日以淚洗面。在齊格非面前抬不起頭的古倫特國王仍向他說明了事情的經過。齊格非面色凝重地說道：「應該管教那些婦女不要淨說些無聊的話。我為妻子的不檢點深感慚愧。」——看到這裡忍不住脫口而出「這個男的在想什麼啊？」降低了我對齊格非的評價。

另一方面，古倫特國王的忠臣哈根看著每日哭泣的布倫希爾德，他心想：即使克里姆希爾特是國王的妹妹，也已經嫁到別人家了，自己該守護的應該是勃艮第國王妃布倫希爾德的名譽。因此哈根認為必須要齊格非為王妃的這份屈辱付出代價。

於是，他便舉辦了狩獵大會，邀請齊格非進入森林，再以槍將其刺殺。

齊格非曾經擊退守護尼伯龍根族寶物的龍，沐浴其血液獲得不死之身。至於擁有不死之身的齊格非為何會被殺死呢？他當初沐浴龍血時，剛好有一片菩提樹葉貼在他肩胛骨之間，所以只有那個部分沒有變成不死之身。

而告訴哈根這個祕密的人，就是齊格非的妻子克里姆希爾特。哈根故意製造最近戰爭又要開始的流言，而得知此事的克里姆希爾特為了自己的丈夫，就請求哈根緊急時刻要保護他，卻因此正中哈根下懷。

傳說齊格非打敗龍的地點。可惜的是這裡沒有關鍵的菩提樹，為了刺激觀光而穿鑿附會的可能性不小。（波昂近郊，柯尼格斯溫特）

哈根暗自竊喜並問到，該怎麼保護擁有不死之身的齊格非？克里姆希爾特就如此如此這般這般地說出了其「兩肩胛骨之間」的弱點。

她對於自己的過失造成丈夫死亡感到悲痛，以及對於哈根的憤怒與復仇發狂，最後不只是哈根和古倫特，且把整個勃艮第王國都導向滅亡。

這就是《尼伯龍根之歌》亦稱為《尼伯龍根之亂》大作的結局。

就連擁有不死之身的英雄也有致命弱點，還挺有趣的。自古以來許多英雄被打敗都是輸在意外的弱點。阿基里斯的母親在他出生後便握著他的腳踝，將他浸入不死身之川替他洗澡，因此腳踝就成了他的弱點。《舊約聖經》的士師參孫因受不了非利士女性大利拉的逼問，就說出自己要是被剃頭就會失去怪力。

參孫從出生時就沒剪過的頭髮亂如雜草，再加上個性又火爆。相較之下齊格非是個有魅力又勇敢的男性，較為受歡迎。在華格納的戲劇《尼伯龍根的指環》以及弗里茨・朗的默片《尼伯龍根：齊格非之死》（一九二四年）中都可以欣賞到許多齊格非的魅力。

很久以前，我得知在波昂近郊有一座能夠俯瞰萊茵河的山上，有齊格非屠龍浴血的地點，因此感興趣前往。那是座海拔高度僅有三百二十一公尺的山，上頭有一名為「Drachen-fels」（龍岩山）的廢墟城堡遺跡，其三角形的望樓僅殘存一部分。城堡下方有似乎無水的小型淺池。我想著這裡可能是龍的血跡，又能俯瞰萊茵河的絕佳美景，便心滿意足地離去了。

但不記得那附近是否有菩提樹，

「尼伯龍根之家」（波昂近郊，柯尼格斯溫特）館中有人工洞窟，以及石造的巨龍趴在池邊。儘管此處有點像騙兒童的地點，然而這個岩石下方有壯麗的龍之城，城中有與龍搏鬥的齊格非繪畫與雕像。龍與齊格非的故事確實造福了此地的觀光。

於是為了確認，近期又再次造訪。結果不僅沒有標示說明，也沒看到關鍵的菩提樹。如果沒有菩提樹的話，齊格非仍會是不死之身。就不可能會釀成齊格非的悲劇了。由於作品中並無記載他和龍搏鬥場所的具體名稱，或許只是我自己的想像，不禁有點失望。

那麼齊格非究竟在哪裡被殺呢？根據《尼伯龍根之歌》，他在舉行狩獵活動的「瓦斯根森林」裡的泉水旁遭到殺害。雖然齊格非和國王在狩獵之後有舉行宴席，但當時並無提供飲品。這也是哈根的計謀。於是他告訴齊格非，這附近有冰涼的湧泉水，大家一起比賽看誰先喝到。

怪力腳力皆驚人的齊格非最先抵達，不過因他很注重禮儀，便將武器靠在泉水旁的菩提

從國道往林德布龍嫩的入口有這樣的裝置

林德布龍嫩

樹上，等待晚一步抵達的國王一行人。最後國王等人終於到達喝了泉水後，正當齊格非彎下身子欲飲泉水解渴，哈根從他背後以槍刺殺。

沒有人知道這口泉水的確切位置。經研究員各種調查後，這個森林應該在萊茵河右岸，因此猜測應為歐登瓦德山的森林（Odenwald，南德）。而這個森林裡也正好有幾處泉水，我曾造訪過其中兩處。

一個是「林德布龍嫩」（Lindenbrunnen，菩提樹之泉），正如其名這個泉水周圍都是菩提樹。我兩度造訪此地。最初來訪時，水從岩石中流出。在歌中提到「冰涼、清澈、好喝的泉水」，不過當時的泉水讓人有點卻步，因此我便沒有喝。

原本打算第二次來時要喝喝看泉水，想不到不知是否那年日照較長，泉水已乾枯。那泉水的位置從國道進入小徑就立刻抵達，不過什麼都沒有，給人一種悲劇舞台般的氛圍。

另一處名為「齊格非布龍嫩」（Siegfriedbrunnen）。泉水位在陡峭的山路三十分鐘左右的森林中。然而此處由岩縫流出的泉水水勢孱弱，有如水滴一般。泉水邊佇立著一株看似新種下的小菩提樹。不知是否因

齊格非布龍嫩（莫薩歐塔爾）

在山中迷路費盡千辛才抵達的緣故，我認為作為齊格非遭暗殺的現場，此處更有感覺。

沃姆斯附近的城鎮洛爾施，在一座修道院中據說有齊格非的石棺。石棺內側可看見有如樹木般的雕刻。據信可能是北歐神話中的巨樹Yggdrasill（世界之樹）。而齊格非的故事是源自於北歐神話（日耳曼神話）。我心想要是菩提樹會很有趣，可惜並非如此。

二〇〇二年舉行了《尼伯龍根之歌》創作八百年的紀念典禮，其中有一個活動就是把許多讓人聯想到傳說中各種場景的紀念像放置於十四個城鎮。於是把原本的尼伯龍根大道和齊格非大道合併為齊格非大道。

搭乘火車的話較不方便，大多數人都開車或騎自行車前往。也有專門的旅遊手冊。類比日本的話，或許可比擬為「奧之細道巡禮」。它較偏向探訪尼伯龍根遺跡，故事的介紹稍嫌不足。

然而，這首敘事詩「正是日耳曼•德國文化的源流」（石川榮作）。我認為有這樣的街道，能夠探訪舊跡接觸德國文化，很有意義。可說歌德的《浮士德》與此英雄敘事詩的流傳，象徵德國人精神不滅。

齊格非的悲劇、勃艮第王國的滅亡，都起因於一片菩提樹葉。儘管在如此龐大且長的詩歌中只出現三次菩提樹，但其角色何其重要。可謂命運之樹。

說到命運之樹，釋迦牟尼佛悟道時，也正好在菩提樹下打坐。然而在此的菩提樹為桑科的印度菩提樹，與西洋菩提樹並不相同。從葉子的形狀就可看出差異。印度菩提樹葉前端較為細長，而西洋菩提樹葉則較圓滑且呈心形。

左上：印度菩提樹（Ficus religiosa）。右下：西洋菩提樹。
（齋田功太郎等《內外植物誌》一九一八年）

或許是樹葉呈心形的緣故，西洋菩提樹被視為愛之樹，在舒伯特的作品《冬之旅》第五號的〈菩提樹〉非常優美，縱使現在年輕人較不熟悉。德國詩人威廉・米勒的詩詞「泉邊蓊鬱菩提樹　憶起甜蜜往事　昔日刻於木　情話綿綿……」（近藤朔風譯）也相當美妙。

走出城門離開小鎮的人與前來的旅人，都會飲用城門旁的泉水解渴。那裡佇立著菩提樹，依依不捨的戀人便在樹幹上刻下愛的話語，相許再次重逢。

這個菩提樹和泉水是以德國中部的巴特索登阿倫多夫鎮（Bad Sooden-Allendorf）為原型。「布龍嫩」譯為泉水，在此指的是井水。

我曾造訪過數次，它在一個不大的石柱上裝有水龍頭，水不斷地流出，但現在已非飲用水。後方有一棵大菩提樹。我仔細觀察了樹幹，上頭並沒有刻記愛的話語。據說這棵是二世。

在《格林童話・真正的新娘》故事中，有一位受到繼母虐待的女孩，得到聰明女性的幫助，終於與英俊的王子相遇。

王子向女孩求婚後，說要回城堡取得雙親允諾後會回來迎接，因此要她待在此處。這裡的「此處」指的是菩提樹下。這棵樹雖然也可以是橡樹、楊柳、松樹、杉樹，不過還是愛之樹——菩提樹最適合。

不過，菩提樹不僅是愛之樹，也有嚴肅的一面。據說古代判決都在菩提樹下進行。這種樹稱為「格里希特林德（裁

菩提樹旁的井水。舒伯特歌曲〈菩提樹〉的原型。（巴特索登阿倫多夫）

「裁決之樹」菩提樹。（威茲拉爾近郊，阿姆瑙）

決菩提樹）」。我知道在阿姆瑙（德國中部）山丘上有一棵叫這樣名稱的菩提樹，好奇的我便前往尋找。

村子周圍都是田地，田中央有一座高起來的小丘，一棵大菩提樹佇立其上。高度三十公尺，樹圍四公尺。在三十年戰爭（一六一八～一六四八年）期間，村民在這棵樹下接受審判。當初的被告是哪些人呢？有沒有女巫呢？究竟是犯了什麼樣的罪呢？我抬頭望向菩提樹，任想像馳騁。

另外，菩提樹也具有避難所（Asyl）的功能。只要逃到菩提樹下，世俗（國家）權力無所及之處就是Asyl。同於教會、聖地，菩提樹下也屬於這樣的地方。寄託予菩提樹的愛、裁決、保護，都是我們人活下去的必要元素。

◆西洋菩提樹（椴樹科 Tilia × europaea）

西洋菩提樹為小葉椴與寬葉椴樹的自然雜交種。夏天會有數朵花呈聚繖花序垂下，之後將由船形的總苞長出圓圓的小果實。好不可愛。菩提樹的德文為Linden，在日文中有以其花朵焙煎製成的茶稱為リンデンティー（Linden Tee），具有治療不眠、鎮定、降低血壓、防止動脈硬化等效果。

菩提樹的總苞

第3章

聖經

舊時代的植物

我從《聖經》擷取出三個與植物有關的故事。每當提及《聖經》裡的植物，一般來說都會想到蛇引誘夏娃吃下能獲得分辨善惡智慧之樹的果實——蘋果的故事，這是自從彌爾頓在《失樂園》（第九卷）中具體寫出智慧之樹果實為蘋果，才因此廣為人知。

然而，據說在植物學家各方調查之下，懷疑這智慧之樹的果實應為杏桃。即使古時候有長出蘋果也會又酸又硬，不太可能會如同《聖經》記載「有著可口的外觀」。

希羅多德、柏拉圖、亞里斯多德、泰奧弗拉斯托斯、老普林尼等人研究過《聖經》裡的植物，而在哈洛德・摩爾登可與阿爾瑪・摩爾登可（Harold N. Moldenke & Alma L. Moldenke）的著作《聖經的植物》（*Plants Of The Bible*）中，提到最開始專論聖經植物的書是由雷彼奴斯・雷姆門斯著述之《充滿聖經的……》（一五六六年），書名極長一共由三十九個拉丁語單字組成。

其後，也出現不少類似的書籍，不過那些書並非根據實地觀察而寫成。一七四九年首創由瑞典植物學家林奈的弟子進行實地植物觀察後，經過林奈編輯才出版。自此以後，便開始出現根據實地調查結果的讀物。現今市面上有許多關於聖經植物的書籍。

那麼遠古時代的植物是否也存在於今日呢？此外，那些植物的名稱，與現在被如此命名的植物是否為同種植物呢？想當然耳，必會冒出這些疑問。

但是，我無法講述如此專精的面向，也無法站在宗教學或神學的立場解讀；即便如此，《聖經》仍然有趣。聖經時代的人們喜愛吃的蔬菜，我們現在也還在食用。古往今來，人類會將帶有美好香氣的植物納入生活。蔬菜也曾被用來繳納稅賦。而對於情人的愛戀則寄託予美麗的花朵……在此我想分享這樣的植物。

1 雅歌——如同石榴剖半的臉頰

來吧，我的愛人啊，你我可以往田野去，
在指甲花樹中過夜。
我們早起前往葡萄園，
看看葡萄是否發芽、
花是否綻放，
石榴花開了沒，
我將在那裡把我的愛獻給你。
風茄釋放芬芳，
在我們的門旁，

有新品、舊物，全都是最上等的物品。
我的愛人啊。這些是為你所留存。（舊約聖經・雅歌七章十一～十三節）

這是《舊約聖經》中所記載「雅歌」中的一節。或許有人會為《聖經》裡怎麼會有如此露骨，充滿大膽情話的歌而感到不可思議。然而，這確實記載於《舊約聖經》中。儘管翻譯為「雅歌」，其希伯來文書名為「歌中之歌」，意即最好的歌曲。

《雅歌》。莫羅（Gustave Moreau）將雅歌中戀愛的少女描繪地如此有魅力，一八九三年。

至今許多人針對這首雅歌的作者、歌曲的意圖、是否適合納入《聖經》等等有各種議論。

希臘神學家俄利根（二、三世紀）曾解釋「雅歌是祝婚歌，也就是慶祝婚禮的歌曲，出自於所羅門之手的劇本」，並表示新娘是由神所創造的靈魂，指教會，而新郎則是指神。俄利根是古代基督教地位最高的神學家。他擁有強大的影響力，爾後他的解釋也長期獲得支持。

但是到了十八世紀末，「雅歌是將純愛藉由高雅話語演唱的大眾文學」（約翰・戈特弗里德・赫爾德），如此與過往不同的解釋逐漸被接受。不過俄利根的解釋至今仍然受到採信，常引用於「雅歌」的解釋中。

一直以來當我引用《聖經》的原文翻譯時，使用的都是「日本聖書刊行會」的新改譯（一九八八年版），針對這首〈雅歌〉，我知道是年輕少女與青年的戀愛歌曲，然而若為婚禮歌曲的話，究竟在哪些地方演唱呢？這點我完全摸不著頭緒。此外，由於男女的第一人稱都翻譯成「我」，因此不知道哪一句是新娘，哪一句是新郎所唱。再加上還有少女們的合音，更讓人難以分辨。

不過，讀了《舊約聖經Ⅷ》（勝村弘也譯・注釋）後我便豁然開朗。書中寫道：「儘管有人嘗試將歌曲全都解釋成新娘與新郎的對話，但是現在支持那種解釋的學者不多，」並提出，「雅歌中神並未登場。其中描寫的性愛並非宗教性行為，僅是這個世界中的人類行為。雅歌是百分之百世俗的戀愛歌集。」

接著針對《聖經》收入這首歌的意義作出如此解釋，「正因如此，雅歌中的世界才會遭到曲解，暗示出統治一切被造物的至高存在與被造世界之愛的關係。因為雅歌的世界是受到教人類『愛』的至高存在者祝福的世界。」引用的部分稍長，不過給我一種「原來如此」的感覺。

然而，在此將不會更近一步探討〈雅歌〉的解釋。我們由列舉出的歌詞可明顯看出，雅歌的世界充滿了為數眾多的植物，以及充斥了撲鼻的香氣。讓我們踏入那個世界吧，再看一節。

你生產的是結出最好果實的石榴園，指甲花與甘松，
甘松、番紅花、菖蒲、肉桂、各種乳香木、
沒藥、蘆薈、所有最高品質的香料。（雅歌四章十三～十四節）

光是本節一開始以及在此舉出的歌曲中就出現了十一種植物。而大略計算後，雅歌通篇出現了將近二十種的植物與香料。其中特別反覆登場的是葡萄（田、園、樹、果）。沒藥、睡蓮、黎巴嫩雪松、椰棗、石榴也都出現數次。在本書〈愛娜溫〉的章節中提過的「戀愛茄子」，也因其增進愛情的春藥效果而出現在雅歌中。我們來試著探討這些植物。

首先從石榴開始。石榴給人一種不吉利的印象。由於果實成熟後便會裂開，故相傳這是一種自毀的情形。另外，也會讓人想起鬼子母（訶利帝母）。

鬼子母吃他人的小孩面不改色，一旦失去自己的孩子，就有如發狂似地悲痛。她和佛陀達成協議，如果想吃小孩的話就改吃石榴。也

就是代表，據說石榴有人肉味。

石榴的花及果實具有形體之美，是我喜歡的植物之一，不過只要想到那酸甜的滋味竟然是人肉的味道，就不禁喪失了吃的欲望。但是這完全是民間傳說，相反地石榴因其種子數量多，在過去是多產的象徵。所以，母子鬼神是順產與育兒之神。石榴並非不吉利，反而是受到喜歡的植物。

可是，接下來的歌詞中出現的石榴，又讓人感到頭痛。〈雅歌〉中石榴一共出現六次，其中有兩次的歌詞完全相同。

> 面紗下的你的臉頰，有如剖半的石榴。（雅歌四：三／六章七節）

呃，剖半石榴般的臉頰究竟是什麼樣的臉頰呢？我的腦中不禁浮現義大利畫家阿爾欽博托（Giuseppe Arcimboldo），收集水果蔬菜所繪成的奇妙肖像畫。

勝村弘也的翻譯為「妳的臉頰透過面紗［看起來］有如石榴的裂

《夏》。阿爾欽博托繪，一五七三年。

縫」。並且注解中寫到，有如美麗的女性包裹著面紗，有如石榴果實表面覆蓋的堅硬果皮，紅色會先從裂縫迸出。「將這個意象與從面紗之間看得到的某處相互對照，有一說認為是女性張口時所看到的口腔內部」，這也是很難懂的解釋。口中可看見的紅色物體是什麼？

在利茲・馬尼卡著作《法老的祕藥》中，寫到那是將女性牙齒比喻為帶有光澤的石榴種子。帶有光澤的紅齒可是相當詭異。據《聖經的植物》的作者摩爾登可所言，淡淡一抹紅色、美麗的石榴果實是用來代表年輕人紅潤臉頰的詩歌表現。啊，那我就安心了。

古代以色列國王所羅門王建設的「主之家」使用石榴作為裝飾。有記載：「在內殿製作鎖，並安裝在柱子頂端，製作數百個石榴，安裝在鎖上。」（歷代志II三章十六節）裝飾於神殿的石榴不可能不吉利。

◆石榴（千屈菜科 **Punica granatum**）

針對石榴的原產地有許多說法，據說土耳其、伊朗都是其中之一。初夏會開出鮮紅色的花朵。石榴的果實是由花托發育而成，成熟後堅硬的外皮就會裂開，帶有紅色透明多汁的果肉粒就會迸出。種子則在這些果粒中。石榴種子在過去用來做成驅蟲劑、口內炎或扁桃體炎的漱口水、利尿劑。

十年多前，傳說石

石榴

榴果汁所含有的雌激素對於更年期及乳癌有效而導致價格飆升，石榴果汁造成流行。後來分析在國民生活中心流通的石榴果汁與萃取錠的結果，並未檢出雌激素。不過，石榴本身的雌激素含量就是少之又少，而針對石榴對於婦女病是否有效也曾受到質疑。

接著是甘松，在《新約聖經》中有這一段內容。

有一天耶穌來到住在伯大尼的馬大與馬利亞姊妹家用餐。馬利亞準備了三百公克的甘松精油，塗抹於耶穌足部，並用自己的頭髮擦拭其足。（約翰福音十二章三節）

甘松的精油在過去十分昂貴。據說相當於勞工一年份的薪水。耶穌的弟子猶大斥責馬利亞此浪費行徑時，耶穌說「她是為了我安息之日而留存」（約翰福音十二章七節），袒護了馬利亞。

在馬可福音中則變成「一位女性」將甘松油從耶穌的頭上淋下，耶穌說：「她只是做了她能做的事，為了我的安葬事先把油塗在我身上。」（馬可福音十四章三～八節）

甘松也是古代埃及埋葬時，塗在死者身上的精油。這天是耶穌被釘上十字架的一週前，耶穌已經知道自己死期將近。周圍那些仰慕耶穌的人也稍微感受到危險逐漸逼近耶穌。針對這個故事有許多解釋都是馬利亞之於耶穌的愛無法以金錢替代。

耶穌以前曾拜訪這對姊妹的家。那一段故事收錄於路加福音（十章三十八～四十二節）。馬利亞坐在耶穌身旁一動也不動，傾聽耶穌的話語。而馬大則為了款待耶穌站在廚房裡忙。

於是，馬大便對耶穌說，「您看到馬利亞只讓我一個人負責款待不覺得不妥嗎？請叫她來幫忙。」是啊，馬大也想聽耶穌的講話。畢

《基督在馬大與馬利亞家中》。維梅爾（Johannes Vermeer）繪，一六五四～一六五五年左右。

甘松（Curtis's Botanical Magazine，一八八一年）

竟是耶穌讓她們的哥哥拉撒路死而復生。拉撒路一家真心相信耶穌就是神。所以馬大才想準備一頓美好的晚餐。

然而，耶穌卻說馬大太客氣。必要的只有一件事。而馬利亞做出了好的選擇。也就是說不需要忙東忙西，只要聽我耶穌講話就好。

聖經學者針對這對姊妹的行動解釋為「觀念式生活與活動式生

活」這兩種型態的表現。然而，是否真是如此呢？耶穌不是很明顯認為馬利亞的生活方式較好嗎？不過如果沒有像馬大這樣的人，那麼這天的晚餐會如何呢？畢竟人不是不能僅依靠物質上的滿足嗎？

◆甘松（敗醬科 Nardostachys jatamansi）

原產於印度。日文名稱為甘松香（カンショウコウ）。作為中藥具有鎮定胃痛及頭痛的效果。不過使用頻率最高的還是從其根部抽出的液體所製作的精油。

針對其香氣，《聖經的植物》（一九五二年）的作者摩爾登可曾說過，西歐社會的婦女早已不使用甘松油，事實上很多婦女並不喜歡它的香氣。

由甘松為敗醬科纈草的近親看來，確實不能說是甜蜜蜜的單純香氣。由於纈草有助於睡眠，在德國藥局會販賣纈草茶與花精。

有一次我在慕尼黑的藥草專賣店買過切碎的纈草。我嗅聞了一大口，雖然沒有昏厥，那個臭味實在是令人震撼。因此完全同意纈草是「女巫的藥草」。然而稍微泡成茶喝了以後，臭味轉為芬芳，導致我喝上癮。

為了確認甘松是否帶有類似的氣味，我前往精油店尋求試聞的機會。但是店員說，「您找的東西真是罕見。」店內沒有甘松油，必須特別訂購。問了價錢果然十分昂貴，因此我沒有訂購。如果有能夠不惜高額都能買的「愛人」，要不要訂購看看呢？

◆沒藥

沒藥為橄欖科（Burseraceae）沒藥樹（Commiphora myrrha）樹木所分泌的樹脂，其英文名稱 myrrh 也廣為人知。儘管具有健胃劑或漱口藥等藥用效果，然而其作為香料的使命更大。在古埃及會在神聖的場所焚燒沒藥。

關於香氣有「獨特的」、「有如軟膏」、「香甜的」、「接近惡臭」的說明。說明香氣果然是件難事。因為是香是臭因人而異。不過如果古埃及時代就使用沒藥作為薰香，表示對於當時的多數人來說是香味吧。

沒藥不僅是薰香，在製作木乃伊時也會使用。據說日文裡的木乃伊（ミイラ）就是myrrh演變而來。會因此產生意思上的誤會，或許就證明了沒藥是製作木乃伊不可或缺的植物。

上圖：沒藥的樹脂
下圖：沒藥樹

◆乳香

和沒藥同屬於橄欖科，乳香屬的樹脂。據說有止痛和緩和肌肉痙攣的效果，不過大多用於薰香或香水。可知耶穌誕生的「三智者」帶來獻給耶穌的三個禮物就是黃金、沒藥、乳香。由此可看出在當時沒藥和乳香是與黃金同等貴重。

閒聊一下，當我在歐洲城鎮中散步時，有時候會看到門口大門上有似乎以粉筆寫上的「C＋M＋B」。我以前一直以為這是三智者（卡斯帕爾、麥琪歐爾、巴爾塔薩爾）的第一個字母，但似乎不僅於此，也有一說是取「耶穌，這個家，祝福」的第一個字母。

天主教會在彌撒的最後時焚香，他們會在香爐中放入香料，而神父便會一邊搖晃香爐慢慢離場。於是教堂便會充滿香氣。在我僅有的經驗中，永遠都是同一種香味。那是種香甜，令人著迷的香氣。後來我才知道這是乳香的香味。由於香味會殘留一陣子，因此就可以知道今天有舉辦彌撒。

乳香

◆指甲花（千屈菜科 **Lawsonia inermis**）

這是生長於如埃及一般乾燥、排水佳的丘陵地帶的常綠低矮樹木。其花穗呈現粉色或奶油色，帶有甜甜的香氣。能夠治療皮膚腫脹不適、防臭劑，也能用來染頭髮、染布。

據說以前將指甲花葉乾燥後搗成粉狀溶於水，作為頭髮、眉毛、指甲的染料，在現代也有以「指甲花○○」這樣的名稱在市面上販賣的白髮染劑與指甲油。然而，儘管有證據指出古埃及人有擦指甲油，卻沒有確認是否使用的是指甲花。

愛花也好，享受香氣也好。話說回來，我覺得我們所居住的自然界為我們準備了許多如此美好的贈禮。

指甲花

2 逾越節——最後的晚餐料理

當晚要吃那種（羊的）肉。即必須將羊肉以火烤，搭配無酵餅與苦菜食用。（出埃及記十二章八節）

於是，門徒遵照耶穌的吩咐，準備了逾越節的筵席。（馬太福音二十六章十九節）

耶穌在被釘上十字架的前一晚，和門徒一同享用了「最後的晚餐」。根據《聖經》記載，這天是「除酵節的第一天」（馬太福音二十六章十七節），是猶太教三大節期之一「逾越節」首日。

「逾越節」是紀念在埃及人支配下受苦的以色列人，終於在摩西的引導下逃出埃及的祭典，從希伯來曆的一月十四日起持續七天。以我們的曆法（格里曆）來說則是從三月到四月，每年節日日期會有所變動，在二〇一三年為三月二十六日。

所謂的「逾越」是因神滅埃及時曾說，只要住在埃及的以色列人在家的兩根柱子以及門框塗以羔羊血，當晚就會「跳過」不會滅該處人家。

並且，主說「當晚要吃那種（羊的）肉。即必須將羊肉以火烤，搭配無酵餅與苦菜食用」，下達了每年為了紀念這一天必須連續七天吃無酵餅。

無酵餅是沒有加入酵母的麵包，因此無法烤得鬆軟，味道不佳。然而，當初由於必須快速逃離埃及，沒有時間添加酵母，故此為無可奈何之計。

在此提到的苦菜究竟是何種蔬菜？因沒有具體名稱，所以並不清楚。說到苦味，就會想到菊科的中亞苦蒿（Artemisia absinthium），然而在《聖經》裡苦菜的希伯來

《最後的晚餐》，法蘭克福大教堂內的小祭壇。

文為 maror，在現今的希伯來文口語則指得是十字花科的辣根（西洋山葵、山葵蘿蔔）。

以色列人即使到了現代，在逾越節時仍會製作逾越當時的食物來吃。苦菜比起苦味，倒不如說是帶有辣味，主要使用的是辣根。除此之外，據說也曾使用過與菊苣同樣具有強烈苦味的蘿蔓萵苣、西洋菜、苦苣、蒲公英、青蔥等等。

辣根

◆辣根（十字花科 **Armoracia rusticana**）

原產於東歐。正如其別名山葵蘿蔔，其根部成白色，辣味強勁。將其磨成泥後，可替烤牛肉更添一層美味。從明治時代便作為食用植物進入日本。據說栽種方法簡單，只要把根部的斷片埋入土中就會發芽。

日本市售的罐裝及軟管裝的山葵，事實上用的都是辣根。因為百分之百純正的山葵太貴了。

◆中亞苦蒿（菊科 **Artemisia absinthium**）

苦菜的另一個原料中亞苦蒿也難分軒輊。在埃及的暴政下，遭到強迫勞動過度，為了不要忘記這段漫長苦難的旅程，或許這樣的苦味恰到好處。

中亞苦蒿

中亞苦蒿帶有獨特的苦味及香味。常被用來增添酒精飲料的香氣。像是啤酒、苦艾酒都有添加。其中最有名的就是作為艾碧斯（Absinthe）的香料。

但是，由於中亞苦蒿中所含的香味成分側柏酮會引起幻覺，故艾碧斯曾暫時遭到禁用。據說詩人魏爾倫、畫家羅特列克、梵谷皆死於艾碧斯中毒。

爾後，訂定艾碧斯中側柏酮的可容許含量，現在已經解禁。艾碧斯的酒精濃度高達約百分之七十，是非常強勁的酒精飲料。然而，即使明知危險，其獨特的香味仍然令人著迷。

◆西洋菜／荷蘭水田芥

（十字花科 Nasturtium officinale）

其日文名稱為荷蘭水辣椒，辣如其名。生的植物所含的黑芥酸鉀較容易分解成辣味與可抗菌的物質。可以作為沙拉或生吃搭配肉類料理。日式燙青菜、天婦羅等做法也會很好吃。具有促進食慾的效果。

德國的女修道士赫德嘉・馮・賓根，在著作《自然界》（一一五一年）中提到，「黃疸、發燒時，將西洋菜於耐熱器皿加熱，溫溫地入口便會痊癒。」

話說回來，耶穌是在哪裡吃最後的晚餐呢？

當天徒弟來到耶穌跟前詢問「要在哪裡享用逾越餐點」，耶穌回

西洋菜

答「你們進城去，到某人那裡告訴他，我要在你家裡守逾越節」（馬太福音二十六章十八～十九節），因此門徒便照辦，並準備了逾越的餐點。

馬可福音（十四章十三節）與路加福音（二十二章九節）皆有記載這一天。兩者內容完全相同，比馬太福音更加鉅細靡遺。耶穌告訴門徒，進了城以後，會遇到搬運水瓶的男人，跟隨他回家，詢問那個家的主人。

於是主人便帶門徒去看自己準備好的飯廳。那飯廳位於二樓。或許耶穌早已和那位一家之主談過了也說不定。在當時耶穌可是羅馬帝國的危險人物，有一位強力信奉者為了他準備用餐地點。

那麼，這位信徒為耶穌準備了哪些餐點作為祂最後的晚餐呢？是否如耶和華下達的命令確實準備了羔羊、無酵餅和苦菜呢？觀察《最後的晚餐》畫作與雕刻實在是很有趣。

最常見的是盤子上的小牛、紅酒與無酵餅。也有畫作裡只有紅酒與麵包，甚至有繪畫以魚取代羔羊。而當我在義大利拉文納城，看到新聖亞坡理納聖殿中的馬賽克壁畫《最後的晚餐》，不覺大吃一驚。連紅酒都沒有。桌上疑似放著掰成數個小塊的無酵餅，而餐桌正中央放著一個大盤子裡頭是一條大魚。那條魚還真是栩栩如生。

說到最後的晚餐，達文西的畫作最富盛名，然而一直到二十世紀後半修復過後才發現桌上放有切塊的魚肉。這幅畫是受到米蘭公爵請託，繪製於天主教恩寵聖母的多明我會院（米蘭）的食堂牆壁。想不到這個案主非常喜歡魚。

為什麼是魚呢？有個趣聞。在《聖經》中有幾個故事提到魚，因此很多人都視魚為耶穌的象徵。但是，這稍微不同，事實上魚是隱藏版的基督教象徵。

兩條半圓線相交形成魚的形

馬賽克壁畫《最後的晚餐》，義大利拉文納的新聖亞坡理納聖殿。

狀。希臘文的魚（ΙΧΘΥΣ）是由「ΙΗΣΟΥΣ ΧΡΙΣΤΟΣ ΘΕΟΥ ΥΙΟΣ ΣΩΤΗΡ＝耶穌、基督、神的、兒子、救世主」的第一個字母組成。在基督教徒仍然受到迫害的羅馬時代，藉由讓對方看魚的圖，暗示自己為基督教徒。

波蘭獲得諾貝爾獎的作家軒克維奇的作品《你往何處去》（一八九四～一八九六年）為描寫在尼祿王時代遭到迫害的基督教徒。其中有一個場景為異國少女在沙上畫魚的圖案，而其身為羅馬貴族的戀人卻完全無法理解。

此種魚的圖樣也使用於現代。最有名的就是名為達爾文魚，在魚身上畫出一雙小腳，而身體的部分則寫上達爾文的字樣。這是用來支持達爾文的進化論，以反對神的創造論而創造出的符號。

某位住在美國的朋友曾經給我看，有人使用達文魚圖案的汽車保險桿貼紙。

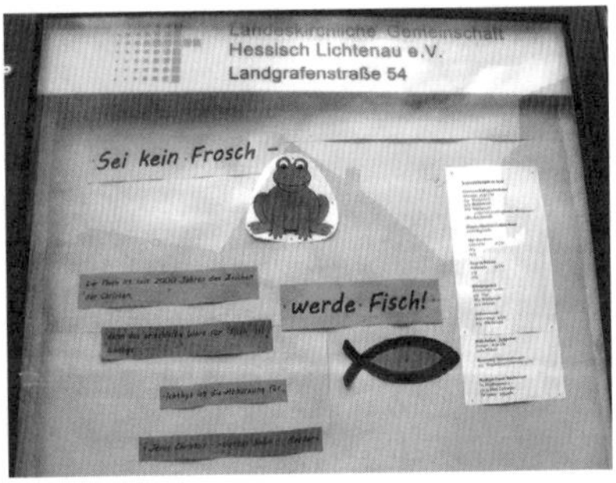

上圖：黑西斯希利希特瑙（卡塞爾近郊）的教區公布欄
下圖：達爾文魚（Darwin Fish）

最近我在德國某城鎮的公布欄，看到畫有青蛙和魚插圖的海報。上頭的標語寫著「別一直當隻蛙，變成魚吧」。現今這個魚圖案仍然具有相同的功能，令我相當驚訝，又多看了那個布告欄幾眼。

魚的部分占太多篇幅了。重要的是苦菜。在德國畫家豪斯不孚麥斯特（Meister des Hausbuches）的畫作中，有一塊巨大的羔羊肉直接盛裝於盤子上，旁邊則有如同綠葉的物體。此外，在看似菸灰缸般的深盤中，裝有綠色的物體。或許這就是苦菜。儘管不知道這個物體的真面目，不過有畫出類似苦菜物體的畫作相當稀有。

《最後的晚餐》。Meister des Hausbuches繪，一四七五～一四八〇年。
（下圖）畫作局部。

在前作也曾提過，法蘭克福有以七種藥草製成的名產Grüne Soße（青醬），而在法蘭克福大教堂一角，放置了淋上青醬羔羊的《最後的晚餐》祭壇。那樣的地方情懷讓人會心一笑，然而同樣位於法蘭克福的美術館中，我則看過一幅令人笑不出來的畫作。那是由德國的現代畫家米歇爾・圖黎格爾創作的《最後的晚餐》（一九九四年）。只有耶穌一人坐在餐桌前，完全不見十二門徒的蹤影。餐桌上空空如也。究竟是耶穌在等門徒前來，還是門徒已經離開？雖然不知道圖黎格爾的意圖，仍舊感到震撼。

「馬鈴薯和水煮蛋佐法蘭克福青醬」，這是一種以醬料為主的料理。

3 十一奉獻——以藥草支付

地上物的十分之一，無論是長在地上的作物，樹上的果實，其十分之一皆為主之物。（利未記二十七章三十節）

初期的基督教徒皆為自發性布施給教會或貧苦之人，然而到五世紀，教會開始為了募集營運資金，要求信眾繳納收入的十分之一（十一奉獻）。本節一開始引用的《利未記》，正是其依據。

「十分之一」一詞早在《創世紀》中出現過（十四章二十節）。據說戰勝後，祭司麥基洗德贈與亞伯拉罕麵包與葡萄酒以祝福他，而他則把自己所擁有物品的十分之一獻給祭司。雖然無法確切知道亞伯拉罕當時擁有什麼物品，推測應為戰利品。

把十分之一的物品猶如稅賦般上繳給神殿或國王的習慣始於古代東方。在新巴比倫尼亞時代（西元前一千年中葉）留下許多這樣的紀錄。而猶太世界則繼承了這個習慣。

向莊園領主繳納十一奉獻的農夫。（十六或十七世紀的素描）

到了八世紀，十一奉獻就成了強制繳納的稅賦。信眾以穀物、野菜、果實等農作物或家畜繳納。即以物納稅。年貢中以米或穀物較能長期保存，或以家畜為佳，而無法長期保存的蔬菜水果則該如何處理呢？除此之外，還有哪些其他物品被繳納呢？

馬太福音中有一個章節內容為對於法利賽人（過度嚴守律法的猶太教徒，在《聖經》中則常常作為偽善者的代名詞）的批判——

「你們以薄荷、蒔蘿、小茴香等作物來十一貢獻，視律法中最重

要的正義、憐憫、誠實為無物。」（馬太福音二十三章二十三節）

路加福音也有記載相同內容，不過卻是「薄荷、芸香、各種蔬菜」（路加福音十一章四十二節），可見當時也有栽種這些藥草，並作為十一貢獻繳納。

路加福音中的「各種蔬菜」，究竟有什麼呢？當時由摩西所帶領的以色列人民朝向約定之地，踏上痛苦的漫長旅程。漸漸地大家開始發牢騷。其中對於食物尤其不滿，抱怨道：「啊，好想吃肉。想起在埃及可以免費吃魚，還有小黃瓜、西瓜、韭菜、洋蔥、蒜頭。」（民數記十一章四～五節）這些都是現代的我們也很常吃的蔬菜，不禁對於很久以前的以色列人湧現一股親切感。

在歐洲看到的小黃瓜和茄子形體大多比日本產的大。然而，「沒有在

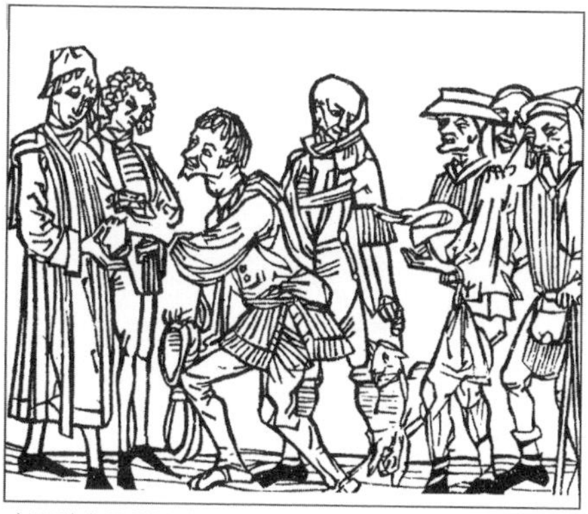

向聖職人員繳納十一奉獻的農夫隊伍。（一四六八年）

看左右兩張圖，當時似乎普遍以羊或鳥等家畜繳納。籃子裡的是不是馬鈴薯呢？也有看到一束束的稻穗。這些都是上繳的農作物。

日本看過那麼大顆的水果」、「西瓜好像日本的一樣」，種種關於東西食材的比較相當有趣。

◆薄荷（唇形科 Mentha sp.）

薄荷屬的總稱。薄荷種類多且容易雜交，因此有無數的栽培品種。例如帶有蘋果香氣的蘋果薄荷、有檸檬香氣的檸檬薄荷、帶有薑味的薑薄荷等等，而較為普遍的應該是綠薄荷（M.spicata 荷蘭薄荷）與胡椒薄荷（M.piperita 西洋薄荷）。

據摩爾登可所言，《聖經》裡的薄荷應為馬薄荷（歐薄荷）。其香味類似胡椒薄荷。古代希伯來人、希臘人、羅馬人將薄荷作為藥物或調味料使用。

清新涼爽的薄荷茶也是一種好喝的香草茶。在驅魔時似乎會使用薄荷，它的香讓那些魔物也會聞香而來。畢竟薄荷是種穿越時代、地區都受人喜愛的藥草。

馬薄荷
（Martin Cilenšek: Naše škodljive rastline, 1892）

蒔蘿

◆蒔蘿（繖形科 **Anethum graveolens**）

這是一種連古代美索不達米亞（約西元前三千年）文獻都有紀錄的古老植物，據說在西元前七四〇年間的巴勒斯坦地區已開始栽種蒔蘿。

或許以日本來說，大家對於英文名稱的 dill 更為熟悉。呈放射狀的莖上頭有小巧的花朵綻放，仔細一看如發射出去的煙火一般美麗。果實與葉片具有強烈香味，常使用於羅宋湯、醃菜、咖哩等等。此外，也作為治療胃痙攣及下痢、緩和疼痛等藥物使用。

由於是多功用的藥草，成為課稅對象也是理所當然。

◆芸香（芸香科 Ruta graveolens）

在《聖經》裡所寫的「芸香」就是Ruta。原產於地中海沿岸。在日文中「芸香」不會用於植物的名稱。瑞香科的瑞香（Daphne odora）日文中也稱為芸香，然而卻是別種植物。埃及人曾栽種芸香。它具有強烈的香氣。多使用於治療高血壓與腹絞痛。

◆小茴香（繖形科 Cuminum cyminum）

小茴香葉呈絲狀，有良好的香氣。葉子常用於越南料理，而種子（茴香籽）帶有濃烈的香氣。

小茴香是印度咖哩不可或缺的辛香料。也會使用於醃菜、利口酒以添加香味。並且具有幫助腸胃蠕動的功效。小茴香的精油也能作為按摩油使用。

古代羅馬偉大的自然歷史學家老普林尼在《博物志》曾提到一件有趣的事。唇形科的羅勒為種子較多的藥草，如果希望長出種子時，書中寫道「許多人教導最好耕種時施以惡言、辱罵」，「而小茴香播種時要期望發不出芽」。這是否是促進種子發奮圖強的咒語？

十一奉獻雖依地區或時代而有所改變，到了現代則以教會稅的型態持續。這是因基督教為公認法人，獲得國家認可的教會為了維持營運針對會員課徵的稅賦。

儘管新教、天主教或者各州有些差異，信徒約莫必須繳納所得稅的百分之八至九。然而信眾也是國民，也得繳納一般稅。聽說因此經濟負擔而脫離教會的人也不少。

芸香

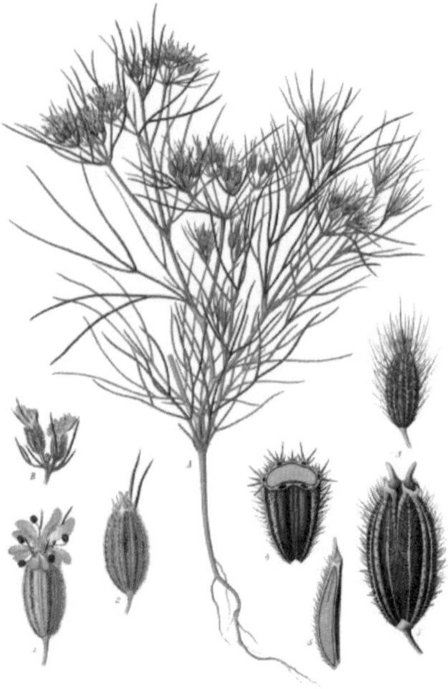

小茴香

但是，許多人即便脫離教會仍想參加聖誕彌撒，二〇〇八年德國部分議員提出「應將制度改為十二月二十四日的彌撒僅限有繳交教會稅的人才可以參加」，引發熱議。於是二〇一二年天主教德國主教協議會得到羅馬教廷的許可，並發表了以下指示・教牧書信：「未繳納教會稅的信徒無法參加聖禮（基督教傳達神聖恩典的數種儀式），也不得參加教會的各種活動。」

我認識的人雖為新教徒，但由於未繳交教會稅，因此當他過世時，聽他兒子說他們必須付給教會相當高額的葬儀費用。我原以為所有教會會員皆必須繳交教會稅，想不到美國、義大利、法國等不需要繳納，只有北歐、德國有此義務。

我另外一個朋友所居住的村落因教會遭到關閉，於是與鄰村合併為一個教區。本以為是經營困難所致，據說真正的原因是少子化造成村莊人口減少。現在的結婚典禮、葬禮已經沒有非得在教堂舉辦的必要，然而出生後的受洗，在人生最後一程希望有牧師在場的人，正是教會之所以存續的重要關鍵。

在日本只要是檀家，寺院毫無疑問一定會幫忙主持喪禮。相對地，他們會用各個機會要求布施。

上圖：在教堂舉辦的結婚典禮。
下圖：葬禮。德國仍以土葬居多。

因此，許多人選擇不成為檀家，只有在舉行葬禮時使用無宗教關係的共同齋場與墓地。

雖然不能說是真的布施，日本素有不採收所有的柿子、橘子等果實，刻意留下百分之五農作物的習慣，稱之為「布施田」。這是為了冬季的野鳥事先留下的另一種「布施」。將收穫視為「神所擁有」的基督教以及視為「大自然所有」的日本，可看出兩者看法相異處，相當有趣。

根據日本某經濟機構調查顯示，擁有家庭的上班族零用錢約為其收入的一成。揮汗工作的上班族獲得的「報酬」與神明取得的分量相同，這樣合理嗎？

女巫與藥草，這不可思議的關聯或許是歷史與自然的造化。若大家能在這個「不可思議的藥草箱」中找到有趣的事物，就是我的榮幸。那麼，到此就讓我們悄悄地闔上藥草箱的蓋子吧。

附錄

尋訪德國藥草園與迫害女巫遺址

藥草園與追溯女巫

我追尋女巫腳步的旅程，不知不覺也加入藥草園的行程。儘管女巫與藥草密切相關，此兩者存在的場域則完全不同。藥草園中雖有許多與女巫息息相關的藥草，然而藥草並不是為了誰而存在，它本身就是獨立存在的個體。反觀女巫則無法獨立存在。女巫是由需要她的人製造出其存在。每個時代的要求都不盡相同。從十五世紀後半至十八世紀，女巫是由基督教會、世俗權力、一般民眾所製造出來。

到了現代，女巫成了大家崇拜且愛戴的對象。是解放女性的新歷史中所誕生的積極女性象徵。此外，現今大眾開始重新審視藥草的療效，希望當作避免化學藥物危害的其中一個方法。以此為契機開始出現許多自稱藥草女巫的女性。現代的女巫已非過去的受害者，而是以積極參與社會的「聰明女性」為面貌而生。

然而，女巫所遭到的無情殺害，並不會因此從人類歷史消失。一直以來我尋訪這些昔時女巫的蹤跡，持續旅行。

我並沒有在開玩笑，藥草園不但沒有女巫，而女巫留下足跡之地也不見藥草生長。可見兩者存在於不同的場域，沒有在同一條路上。即便如此，仍有重疊的部分。

參觀藥草園是件很開心的事。大學、修道院、宮殿、公園的植物園、藥事博物館、藥局、鄉土博物館的藥事區，以及其他和藥草有關的地方全都是我旅行的目的地。無論規模大小，說誇張一點，只要有長草就算是路旁或山路，我都認為是了不起的藥草園。在專家眼裡看來幼稚的事物，對我來說都是新發現。素人也有素人的看法、享受。

另一方面，造訪至今仍保留的女巫迫害歷史遺跡，總是令我感到心痛。凡是女巫的嫌疑人在受到判決以前，多被關到城牆附近有人守衛的高塔之中。爾後人們稱這些塔為女巫之塔。德國至今仍然留下許多這樣的高塔。到了二十世紀後半，人們開始重新檢討迫害女巫的這段歷史，並有愈來愈多城鎮針對被以女巫罪嫌遭到殺害的人，製作鎮魂碑。每當看到這樣的石碑，雖然無從得知是否真有鎮魂效果，我卻能感受到這些願意正視黑暗歷史，而非佯裝不知情者的良心所在。

難免會有人問我為何要特地去看那些鎮魂碑？我自己也這麼自問。那是一股想要見證過去不太能攤在陽光下歷史的心情。除此之外，我找不到其他答案。我會持續追尋女巫的足跡旅行下去。

那麼就讓我來簡單介紹幾個我曾造訪的藥草園與女巫受到迫害的遺跡吧。

藥草園

1 修道院的藥草園

修道院是「勞動與祈禱」的場所，基本上過著自給自足的生活。修道士們從森林運來木材，自行燒製磚塊。會雕刻祭壇與裝飾牆上的耶穌基督或聖人像，以及繪畫，也會創作讚美歌、製作樂器。

他們會到河裡捕魚、飼養家畜、做飯。還會鍛造冶煉、剝皮。在農園栽種果樹、蔬菜、葡萄。而藥草園則是栽種治療疾病的藥草。修道士們不僅擅長神學、哲學、醫學，還有建築、繪畫的才能。修道院漸漸成為基督教文化的中心地。

後來修道院的活動漸漸拓展，只要修道士增加，就需要更大的修道院。如此一來，便不能像初期階段那樣完全親手製作。此外，當教會開始與世俗權力緊密結合，就成了興築奢侈豪華、金碧輝煌修道院的濫觴，也建造了美輪美奐的圖書館、學校、醫院。

但是，無論修道院規模大小，都會提供給迷途的旅人、朝聖者住宿，也會接收病人。這是修道院莫大的社會貢獻。所以醫療上不可或缺的藥草園更顯重要。修道士們閱讀古代羅馬、希臘的書籍、草學的書籍，累積了相關知識。包括泰奧弗拉斯托斯《植物志》、迪奧科里斯《藥物論》、老普林尼《博物志》等抄本。修道士前往他國時也會攜帶珍貴的植物回來栽種，製作能有效治療的藥物。

現在德國看得到的藥草園，大多參考聖道明修道士艾爾伯圖斯・麥格努斯（Albertus Magnus，約一一九三～一二八〇年）組合藥草與觀賞用植物的著述《關於植物》，以及本尼迪克特修道士瓦拉福里德・史特拉伯（Walafrid Strabo，八〇八～八四九年）的《庭院照顧守則》等書籍，盡可能忠實呈現當時的模樣。

說到修道院就會想到《聖經》。有收集《聖經》中曾出現藥草的聖經藥草園，在德國超過百所。然而，如果是《聖經》裡的植物，一般修道院的藥草園、大學的植物園都有，只要列舉出想看的植物名稱，基本上應該都看得到。

密歇斯坦修道院

密歇斯坦修道（Michaelstein Abbey）位於前面章節中曾介紹過的哈茨地區。建造於九五六年作為熙篤會（天主教修會之一）的修道院宿舍，並於一一三九年

密歇斯坦修道院的藥草園

開始修道院身分。現在修道院的一部分作為音樂學校使用，二樓則有值得參觀的樂器博物館。

其中庭院裡有藥草園和蔬菜田。蔬菜田中種植一般蔬菜、穀物、果樹。藥草園是以（瑞士）聖加侖修道院的設計圖（八二〇年間）與瓦拉福里德・史特拉伯的《庭院照顧守則》（約八四四年）及中世紀版畫等等為範本所呈現出的樣貌，其中栽種了藥用鼠尾草、茴香、苦薄荷等中世紀作為藥物使用的上百種藥草。

藥草依照種類，分別種於四方形的育苗床，由於有寫上學名、德文名稱以及功效的標示，非常有幫助。例如，蓍（Achillea millefolium）與羽衣草屬的親戚（Alchemilla mollis）則標示可治療婦女病。其他還有發炎、咳嗽、神經、腸道、傷口、香料、美容等等標記。

往往我看得入神就會花上比想像中更久的時間，不過那個當下我非常享受。

梅姆雷本修道院

梅姆雷本（Memleben）應該是個大家不太熟悉的城鎮。這是位於圖林根自由邦的小城鎮，從萊比錫到瑙姆堡轉乘巴士，需要花上將近三個小時。

梅姆雷本是深受鄂圖一世喜愛的地方，他在這裡建造居城，九七三年逝世於此。儘管無從得知其居城當時的正確位置，然而與它同時建造可參觀的，是位於修道院遺跡一帶的梅姆雷本修道院。鄂圖一世就是指德意志民族神聖羅馬帝國的第一代帝王。只在歷史書籍上看過的人物，突然變得很親近。

梅姆雷本修道院

公車會停在梅姆雷本修道院前。走進入口，前方是現在僅剩下部分的馬利亞教會（十三世紀）遺跡。其深處是過去只有修道士才可以進出的區域。這裡有博物館，裡頭有人偶、圖表詳細說明修道士生活的展間，與影片播放等等非常豐富。有時也會開設特別展。以前的修道院是否也是如此，我並不清楚。

藥草園位於入口進去後的右手邊。儘管並不寬廣，藥草的種類也不多，不過整體氛圍很好。我第一次造訪時，看到結實纍纍的瓠瓜，感到非常訝異。我以為瓠瓜是由中國傳入日本的蔬菜，其蹤跡應該僅限亞洲，不存在於歐洲。而那是出於我的無知，想不到瓠瓜不僅從非洲傳到全世界，乃是最古老的栽種植物。修道士會攜帶以瓠瓜做成的水壺踏上旅程。每每充實這些知識就會有種很划算的感覺，這就是素人的幸福。

本尼迪克特布蘭修道院

本尼迪克特布蘭修道院（Benediktbeuern Abbey）為七三九年由本篤會建造，是巴伐利亞最古老的修道院。從慕尼黑火車總站搭乘路面輕軌大約一個半小時，就會抵達本尼迪克特布蘭站。修道院就在車站正前方。是巴洛克風格的巨大建築。現為神學大學，仍有修道士生活於此。

藥草園位於入口進去後的左手邊。以修道院的占地來說，藥草園的規模相當迷你。可見修道士並沒有真正使用此藥草園。入口附近有一個寫著 Bad Heilbrunner 公司名稱及有關藥草存在意義的看板。這家公司是德國有名的自然藥品公司，在日本其出品的花草茶與入浴劑也相當有名。讓人覺得該公司與此修道院藥草園的打造有著密切關係。

確實看這藥草園整理得很有條理，也有附上拉丁文學名與德文名稱的立牌。對照於修道院的規模，這個藥草園看起來像點綴，然而不愧有製藥大廠的介入，它非常整齊。

本尼迪克特布蘭修道院

2 大學的藥草園

藥草學研究因科學發展而大有進展。現代藥草園也是植基於那些研究成果。負責這一塊的正是大學。德國單科大學加上綜合大學一共有約兩百所，其中有九十所以上的大學擁有包含藥草園的植物園。

大學的植物園由於肩負研究使命，理所當然數量多，規模相當龐大。有些植物園甚至像是擁有一整片森林。也有大學植物園在其園內設有導覽行程。而令我感受最深的是，大學植物園是市民常用的休憩場所。

符茲堡大學植物園

符茲堡（Würzburg）是從法蘭克福搭乘快鐵約一個多小時能抵達的古老城鎮。這裡不但有德國代表性雕刻家兼該城鎮地方首長——蒂爾曼・里門施奈德的老家，也是與日本關係密切的西博爾德出生地，還有倫琴發現X光的大學、廣大的葡萄園與弗蘭肯地區葡萄酒莊、德國最有名的羅曼蒂克大道起點……符茲堡是坐擁許多觀光景點的城鎮。但是，如果對藥草感興趣的話，即使犧牲幾個景點，也要在這裡的大學植物園待上半天。

園裡的藥草種類相當豐富，各種藥草依照成分分區栽種。寫著「有毒植物」的紅色標示也很顯眼。另一側則有農園，種植了蔬菜與果樹。

還有醫生兼植物學家的西博爾德區。他立下的功績甚大。十九世紀西博爾德（Philipp Franz von Siebold）從日本帶回歐洲的植物標本，成為日本植物的重要

符茲堡大學植物園的藥草區

漢堡大學植物園入口

資料。他將繡球花記載為新品種時，將其命名為Hydrangea otaksa。植物學家牧野富太郎推測，西博爾德妻子為日本人，取其姓名楠木瀧（阿滝，日文發音otatsu）為繡球花命名。

此藥草園是受到在日本亦有名氣的克奈圃公司老闆——藥劑師羅伊薩夫妻倆的許多捐贈打造而成。克奈圃是德國最龐大的治療藥物製造商，總公司位於符茲堡近郊。由創造出使用藥草與水療法的克奈圃神父，與羅伊薩的父親合作所開設的公司。他們在經濟上援助大學，可說是貫徹其公司理念的證明。

漢堡大學植物園

漢堡大學（Universität Hamburg）植物園裡有聖經植物區。從入口進去馬上望向左方，立有木製十字架非常明顯。在此種植了許多杏仁、杏桃、無花果、石榴等在《聖經》中登場的果樹。

此植物園的主題為「植物與人類」，栽種了藥草、穀物、蔬菜等對人類有用的植物。我在逛有毒植物區時，忍不住差點喊出「這就是女巫的藥草箱啊！」除了經典的毒胡蘿蔔、烏頭、嚏根草、秋水仙等等，還有可說為有毒植物之后的天仙子（Hyoscyamus niger）都生長良好。這個區域很值得一看。

此外，漢堡還有「辛辣博物館」。這裡展示了世界各地

辛辣博物館（漢堡）

的辛香料，販售處則賣含有辛香料的鹽與紅茶等商品。入場券則是裝有胡椒粒的袋子。此博物館位於倉庫街，是漢堡觀光經典景點的一角。由於參觀不會花上太多時間，建議或許順道去看看。

柏林自由大學植物園

占地四十三公頃，種植大約兩萬兩千種植物，是全德最大的植物園。特別是這個植物博物館非常棒，有詳細解說世界各地植物的螢幕、模型展示，對於想要了解植物的人十分有幫助。就連我這樣的素人看了也覺得很有趣。藥草園寬敞，基本上所有的藥草都可在這裡看得到。

十年前曾經計畫要大規模縮小面積，

玻璃溫室（漢堡）

但當時幾個月內就有七萬八千人連署反對，好不容易才保留下來。即便如此仍然不得不大幅刪減預算，據說從事園丁行業的人因此工作機會銳減。可見占地如此廣大，應該花費不貲。但是，我希望至少可以維持現狀。

3 藥事博物館

說到醫學就不得不提德文。醫生要到德國留學，病例得以德文書寫。這在以前的日本據說是理所當然的現象。但是，現在似乎是美國站在醫學最前線。我聽說在世界級的醫療學會使用的語言也是以英文為主。日文的病例【譯註：カルテ，原文：Karte】一字雖然是取自德文的外來語，現在也多以英文書寫。

儘管如此，德國的醫學對於世界的貢獻依舊不容小覷。德國有幾間藥事博物館將這段歷史傳承至今。造訪這

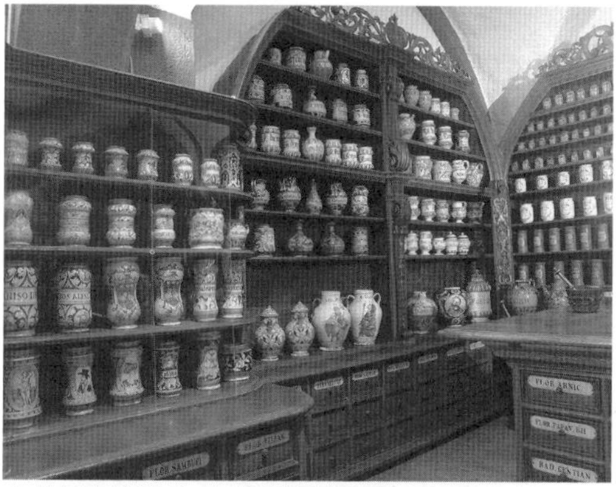

海德堡藥事博物館。以前的藥物都裝在如此美麗的陶器中。

些藥事博物館，就算非醫療從業人員仍然感到相當有趣。

海德堡藥事博物館

海德堡藥事博物館位於海德堡城堡內。此藥事博物館設立於一九三七年，屬於德國藥事博物館集團下的財團法人，歷經各種興衰後終於在一九五七年在此處落地生根。

在這裡除了有藥事相關的展覽品以外，例如藥劑實驗器具、容器、調度品等之外，還有藥物相關的歷史文獻，可說是德國第一藥事博物館。

在這些展示當中希望大家不要錯過的展覽品之一，就是在第二章介紹過的曼德拉草根部實體的展區。

此外，藥局的招牌變遷展示區也非常值得一看。德國的藥局有全國共通的招牌標誌。招牌設計為字母A，腳邊有一條蛇纏繞著玻璃杯且彎著脖子的樣貌。但是這個標誌直到二戰後才出現，在那之前的納粹德國時期，是以古代日耳曼人用來作為咒語的盧恩字母，而非現在

德國共通的藥局招牌

的蛇和玻璃杯。更之前的標示為細長的桶狀物體加上三根湯匙，即帶有一天服用三次的信息。聽說這個古老的實體招牌只在這裡有。那是個有古早藥店味道的木製招牌。

因哥爾斯塔特藥事博物館

因哥爾斯塔特藥事歷史博物館

因哥爾斯塔特（Ingolstadt）為多瑙河畔的古老城鎮。從慕尼黑搭快鐵只要四十分鐘就能抵達。因哥爾斯塔特藥事歷史博物館是受到因哥爾斯塔特大學醫學系的要求，於十八世紀中葉建造的巴洛克風格的建築物。

這是網羅古代埃及以降之醫療發展相關文物的珍貴博物館。展示外科手術等各式各樣醫療器具，讓人可以了解治療的歷史。這裡收集了最早到現代的義眼、中世紀使用過的椅子造型分娩台等許多其他藥事博物館很難看到的物品。雖然館內空間並不寬敞，不過仔細看展覽品仍舊會花上一些時間。庭院栽種許多藥草。

4 赫德嘉的藥草園

我在前一本著作已針對《自然界》的作者，德國女修道士赫德嘉・馮・賓根（Hildegard von Bingen，一〇九八～一一七九年）有詳細敘述故在此省略，她對於藥草所立下的相關成就直到二十一世紀依舊受到矚目，研究她所揭示的藥草功效團體也逐漸增加。

賓根（萊茵河畔）的羅庫斯布魯克山上有赫德嘉廣場，是由十字女修道會（一八四一年創立於史特拉斯堡）所經營的機構。此廣場建造於一九二〇年，有研討會室、與赫德嘉相關的書，以及販賣藥草的區域，而在餐廳則能享用符合赫德嘉精神的有機午餐。

庭院裡的藥草園雖不寬廣，這裡栽種了赫德嘉書中的藥草，是個能讓人放鬆的舒適空間。

有一次在那裡我遇到了一對德國夫妻，他們摘了當時正盛開的金盞花（菊科）花瓣（正確來說應該是所謂的舌狀花）含到嘴裡，並向我推薦：「這很好吃喔。」在德國似乎會將金盞花做成沙拉食用，但在日本應該不會吃金盞花吧。

賓根河畔的赫德嘉博物館旁有「赫德嘉的庭園」。那是個栽種《自然界》書中藥草為主要，管理得當的藥草園。

而在日本，針對赫德嘉的介紹活動也發展蓬勃，有數個讓人能夠體驗享用赫德嘉藥草料理的團體。

赫德嘉廣場的藥草園。後方白色的建築物就是該機構。

迫害女巫遺址

根據符茲堡的女巫判決（一六二九年）紀錄：

＊第七次的受刑人＝皆為年齡不詳，有十二歲少女、男性、女性、村長、三名女性。而讓犯人逃獄的守衛則於別處遭到處刑。

＊第二十六次的受刑人＝符茲堡最肥胖的政治家鮑納。新大殿的主教座堂參事會員達非特・漢斯。政治家拜登布許。鮑姆嘉通旅館主人的妻子。某位老婆婆。

法爾肯貝爾各年幼的女兒遭處私刑，其遺體在博樹森林中被放火燒。議會官吏的年幼兒子。大殿主教座堂參事會的代理主教巴古納則慘遭活活燒死。（《惡魔學大全》羅賽爾・霍普・羅畢恩茲。青土社）

根據記錄，符茲堡的主教領主在任期間一共主宰二十九次的女巫審判，總計處刑了九百人。這並不僅限於符茲堡。德國的女巫審判各地皆有，直到一七九九年為止，許多男女老幼的生命遭到剝奪。女巫迫害採取異端審問的形式，是個讓全歐洲陷入恐懼的歷史汙點。

1 女巫之塔

格爾恩豪森

格爾恩豪森（Gelnhausen，法蘭克福東方）為建造於十二世紀的古老城鎮。十七世紀的作家格里美爾斯豪森（一六二二年～一六七七年）出生的家。進入他出生家屋一旁的小徑，有個由圍牆包圍的庭園，那裡有女巫之塔。高二十四公尺、直徑九公尺，建造於十五世紀中葉，當初的目的

格爾恩豪森的女巫之塔

是作為防禦塔使用。頂端有如尖帽般形狀的尖塔，外觀相當美麗。

這個塔的牆上裝有板子，上頭刻有在此城鎮遭到女巫迫害而被處死的名單。一五八四年至一六六三年，這裡留下了五十五名男女以女巫之嫌疑被剝奪性命的紀錄。

當我讀到這項事實時，感受到非常大的震撼，看著庭園裡佇立的一個《吶喊的人們》青銅雕刻作品時，震撼感又更加強烈了。貌似樹木約一公尺高的青銅柱上有無數的臉部浮雕。最上面的面朝天張開大口，好似訴說著什麼，而柱狀周圍有閉唇闔眼的臉，有許多類似的臉。只要看過一次絕對永生難忘。

這個是受到市民捐款，以及在市政府協助下於一九八六年所製作的紀念碑。白天庭院可以自由進出，塔內則必須向市政府的觀光服務處申請才能入內參觀。

《吶喊的人們》

伊茨泰因

伊茨泰因（Idstein）位處法蘭克福西北部的小城鎮。城鎮的城牆有座高四十二公尺的塔。雖然看起來這座塔並未收容過遭受逮捕的女巫嫌疑人，但是卻不代表這個城鎮不曾發生過迫害女巫事件。塔旁的城牆掛著一片板子，上頭刻有犧牲於一六七六年在此城鎮所舉行的女巫審判名單。從名單上所刻的名字來看，女性三十七名、男性八名。

伊茨泰因的女巫之塔

2 女巫的牢獄

埃施韋格

埃施韋格（Eschwege，德國中部）是木構屋舍比鄰的美麗小鎮。一六五七年在這裡的凱薩琳與其母親，因女巫之嫌，分別在不同場所遭處火刑。兩人的罪狀為施展女巫之術。鄰居控訴凱薩琳以施展女巫之術的奶油麵包殺害自己的女兒，甚至還讓鄰居的女兒承受痙攣之苦。連自己的孩子都殺實在離譜，於是凱薩琳便和母親一同遭到逮捕。

兩人遭到處刑的場所、墳墓都不清楚，僅剩凱薩琳受到監禁的牢獄仍保留至今。那是間從牆壁到天花板皆為石造的個人房。牆壁突出的狹窄石長椅與地上，留有裝設鎖鏈以束縛她手銬的痕跡。

市民集資捐款在牢獄旁立下了鎮魂碑，而地方歷史學家則將這些判決紀錄編纂成書。只要向小鎮的觀光服務處提出要求，就可閱覽此書。

女巫牢獄的入口（埃施韋格）

3 女巫之家

班伯格

班伯格（Bamberg）有許多有名的觀光景點，前來的旅客非常多。但是應該沒有人知道，約在三百五十年前，這裡究竟有多少人死於女巫罪嫌。

一六一七年有一百零二人，一六二六年起至一六三〇年止，有四百人遭到燒死的紀錄，這個城鎮建造了能收容超過三十人以上的女巫專用監獄「女巫之家」。當時的設計圖仍舊保留至今，也知道確切地點，但卻早已不見一點痕跡。連鎮魂碑都沒有。

我曾參加過在這個城鎮舉辦的「尋訪女巫遺跡之旅」，全都只是舊地痕跡。當我詢問導遊是否有設立鎮魂碑的打算，他回答我：「我也認為有這個必要。」市政府恐怕認為舉行這樣的旅行就足以聊表心意了吧。

被關於「女巫之家」的班伯格農婦

4 德國最後的女巫審判地

肯普田

德國的女巫審判到了十八世紀開始逐漸減少，卻未完全絕跡。一七七五年德國最後的女巫審判於阿爾高地區的肯普田（Kempten，巴伐利亞邦）。

嫌犯為一位受僱農婦，安娜・瑪莉亞・舒薇格林。她失去工作、遭受放逐，最後因竊盜罪嫌而遭到逮捕。痛苦的牢獄生活使她精神異常，導致在審判時未能作出任何抗辯，就遭判死刑。但是她的死刑沒有被執行，六年後她便死於獄中。

肯普田的宮殿。肯普田為德意志民族神聖羅馬帝國的直屬王國，是由主教堂參事會所營運的城市。而德國最後的女巫審判卻在如此榮耀市鎮的宮殿舉行。

後記

這次能夠以前作《女巫不傳的魔法藥草書》姊妹作之姿，出版本書《魔法藥草百寶箱》，實在是非常喜悅。原本出版社要我寫《女巫不傳的魔法藥草書》的續集，然而該書已經夠完整，要再寫相同形式的續篇有其難度。

自從出版《女巫不傳的魔法藥草書》已經過了八年。這段時間雖然我對於女巫與藥草的興趣從未消失，然而對於傳說、故事、聖經、神話中對於女巫與植物的描寫，這個面向的興趣更是逐漸增長。

我想，如果是朝這個方面或許我就寫得出來；恐怕有違想要閱讀《女巫不傳的魔法藥草書》第二集讀者的期待，請大家原諒。在此感謝山與溪谷社的勝峰富雄先生、擔任我編輯的大西香織女士成全我的任性。

而植物部分，有幸仍邀請到東京藥科大學名譽教授的藥學博士指田豐先生審稿，在此致上我最高的謝意。並且還要感謝對於德國深度了解的各界友人給予我的建議。

此外，我也要感謝設計排版的大野理沙小姐，將許多版畫、照片以適合的形式編排。再加上，擁有高度德國文學涵養、我敬愛的池內紀先生給予的書腰評語，令我感到十分光榮。集結各位如此的幫助，本書才得以成書。

最後，閱讀本書《魔法藥草百寶箱》的各位讀者，若也能了解「女巫與藥草的不可思議」之趣味，那麼對我來說將是無上的幸福。

二〇一四年二月等待新芽與春天

西村佑子

引用與參考文獻圖片一覽

◇《グリム童話集》天沼春樹 / 西村書店 2013
◇《完譯グリム童話集》(1 ～ 5）金田鬼一譯 / 岩波文庫 1979
◇《グリム童話の誕生》小澤俊夫著 / 朝日選書 1992
◇《ドイツ伝説集》グリム兄弟編　桜沢・鍛治譯 / 人文書院 1987
◇《マザー・グース 3》谷川俊太郎譯 / 講談社文庫 1981
◇《悪魔学大全》R・ホープ・ロビンズ著　松田和也譯 / 青土社 1997
◇《魔女狩り》ジャンーミシェル・サルマン　池上俊一監修 / 創元社 1991
◇《植物誌》テオフラストス著　大槻真一郎・月川和雄譯 / 八坂書房 1988
◇《博物誌・植物編》プリニウス著　責任編集大槻真一郎 / 八坂書房 1994
◇《薬物誌》ディオスコリデス著　大槻真一郎他譯 / エンタープライズ 1983
◇《聖書》新改譯 日本聖書刊行会譯 / いのちのことば社 1988
◇《舊約聖書 VIII》月本昭男・勝村弘也譯 / 岩波書店 1998
◇《雅歌注解・講話》オリゲネス　小高毅譯 / キリスト教古典叢書 10 創文社 1982
◇《圖說・聖書物語 新約篇》山形孝夫著 / 河出書房新社 2002
◇《圖說・聖書物語 舊約篇》山形孝夫著 / 河出書房新社 2001
◇《聖書の植物》H&A・モルデンケ　奥本裕昭譯 / 八坂書房 1991
◇《圖說・ドイツ民俗学小辞典》谷口・福嶋・福居 / 同学社 1984
◇《ギルガメシュ叙事詩》月本昭男譯 / 岩波書店 1996
◇《シュメル神話の世界》岡田明子・小林登志子 / 中公新書 2008
◇《ファラオの秘薬》リズ・マニカ　編集部譯 / 八坂書房 1994
◇《ユダヤ戦記 3》フラウィウス・ヨセフス　秦剛平譯 / ちくま学芸文庫 2002
◇《ニーベルンゲンの歌》相良守峯譯 / 岩波文庫 1955
◇《ニーベルンゲンの歌》を読む。石川栄作著 / 講談社学術文庫 2001
◇《ファウスト》ゲーテ著 池内紀譯 / 集英社 1999
◇《ラファエル前派の画家たち》スティーヴン・アダムズ著　高宮利行譯 / リブロポート 1989
◇《流刑の神々・精霊物語》ハインリヒ・ハイネ著　小沢俊夫譯 / 岩波文庫 1980
◇《マンドレークの栽培》指田豊著 /《日本植物園協会誌》38 号所収 2004
◇《聖ヒルデガルトの医学と自然学》ヒルデガルト・フォン・ビンゲン　井村宏次監譯 / ビイング・ネット・プレス 2002

◇ Brüder Grimm: Kinder- und Hausmärchen. Artemis & Winkler. 1997
◇ Brüder Grimm: Kinder- und Hausmärchen. inseltaschenbuch 112-114
◇ Deutsche Märchen. Eugen Diederrichs Verlag. Ludwig Richter Abbildungen.
◇ Bechsteins Märchen. Insel Verlag.1995
◇ Brüder Grimm: Die Deutsche Sagen. Diederichs. 1993
◇ Die Nibelungen. Von Fiedrich Hebbel. Reclam Leipzig 1862
◇ Die Nibelungen. Von Johannes Scherr. Verlag von Otto Wiegand.1860
◇ Heinz Wegehaupt: Hundert Illustrationen aus zwei Jahthunderten zu Märchen der Brürder Grimm. Verlag Dausien Hanau.
◇ J. Praetorius: Blockes=Bergen Verrichtung Faximile der Originalausgabe aus dem Jahre 1669. Edition Leipzig 1968
◇ Hexen-Katalog zur Sonerausstellung Museum für Vörkerkunde Hamburg 1979
◇ Peter Haining: Hexen Verlag Gerhard Stalling 1977
◇ Claire Singer: Das grosse Buch der Hexen. Tosa Verlag. 2000
◇ Jakob Sprenger, Heinrich Institoris: Hexenhammer. Dty Klassik 1996
◇ J. W. von Goethe: Faust Fhillip Reclam Stuttgart 1986
◇ Die Bibel Herder
◇ Der neue Kosmos Pflanzenfihrer. Franckh-Kosmos Verlags-GmbH.1999
◇ Heinrich Marzell: Zauberpflanzen Hexentränke. Kosmos.
◇ Susanne Fischer-Rizzi: Blätter von Bäumen Wilhelm Heyne Verlag 2002
◇ Susanne Fischer-Rizzi: Medizin der Erde Wilhelm Heyne Verlag 2002
◇ Eisenach-information: Sagen des Wartburglandes 1.   Eisenach 1990
◇ Von Unholden und Hexen: Ulrich Molitor Ulbooks Verlag 2008
◇ Hans Biedermann: Handlexikon der magischen Künste Akademische Druck- u. Verlaganstalt 1968
◇ Gertrud Scherf: Zauberpflanzen Hexenkräuter BLVVerlagsgesellschaft mbH 2003
◇ Die schönsten Sagen aus dem Harz:Zusammengetragenvon Hans-Joachim Wiesenmiller. Druckhaus Quedlinurg
◇ Irene Franken, Ina Hoerner: Hexen. Die Verfolgung von Frauen in Köln. Katharina Henoth-Kreis Hrsg.

人
文。
021

魔法藥草百寶箱：
女巫・格林童話・傳說・聖經

國家圖書館出版品預行編目(CIP)資料

魔法藥草百寶箱：女巫・格林童話・傳說・聖經
/西村佑子著；趙誼譯 -- 初版.
—臺北市：聯合文學，2019.7
216面；14.8X21公分. --（人文；21）

ISBN 978-986-323-312-1（平裝）

1.藥草植物 2.巫術

295　　108011576

出版日期／2019年7月 初版
定　價／330元

不思議な薬草箱——魔女・グリム・伝説・聖書
First Published in Japan 2014.

ISBN 978-986-323-312-1（平裝）
本書如有缺頁、破損、裝幀錯誤，請寄回調換

作　　者／西村佑子
譯　　者／趙　誼
發 行 人／張寶琴

總 編 輯／周昭翡
主　　編／蕭仁豪
責任編輯／尹蓓芳
資深美編／戴榮芝
業務部總經理／李文吉
行銷企劃／邱懷慧
發行專員／簡聖峰
財 務 部／趙玉瑩　韋秀英
人事行政組／李懷瑩
版權管理／蕭仁豪

法律顧問／理律法律事務所 陳長文律師、蔣大中律師
出 版 者／聯合文學出版社股份有限公司
地　　址／110臺北市基隆路一段178號10樓
電　　話／(02)2766-6759轉5107
傳　　真／(02)2756-7914
郵撥帳號／17623526聯合文學出版社股份有限公司
登 記 證／行政院新聞局局版臺業字第6109號
網　　址／http://unitas.udngroup.com.tw
E-mail：unitas@udngroup.com.tw
印 刷 廠／禾耕彩色印刷有限公司
總 經 銷／聯合發行股份有限公司
地　　址／234新北市新店區寶橋路235巷6弄6號2樓
電　　話／(02)29178022